# 천국 상

*Heaven*

수정같이 맑고 아름다운 곳

이재록 목사

우림

펴내는 글

   누구나 한번쯤 "이 땅의 삶을 마치면 사람은 어디로 가는가?", "천국과 지옥은 과연 존재하는가?" 하는 의문을 갖습니다. 그런데 현실적으로 많은 사람이 이에 대한 해답을 찾기 전에 죽음을 맞습니다. 막연히 사후 세계가 있음을 믿는다 해도 자세히 알지 못하여 신앙생활을 바로 하지 못하므로 안타깝게도 천국에 이르지 못하는 경우가 많습니다.

   천국과 지옥은 사람의 상상으로 만들어 낸 허구의 세계가 아니라 엄연히 실존하는 영의 세계입니다. 천국은 이 땅의 무엇과도 비교할 수 없을 정도로 아름답고 행복한 곳입니다. 특히 하나님 보좌가 있는 새 예루살렘 성은 가장 아름답고 영광스러운 천국의 처소입니다. 세상의 언어로는 그 영화로움과 행복을 표현할 길이 없지요. 반면에 지옥은 너무나 참혹한 고통과 형벌이 기다리는 곳입니다.

한 사람도 지옥 가기를 원치 않는 하나님께서는 누구라도 구원받아 천국에 이르기를 원하십니다. 그래서 예수님과 사도들을 통해 천국과 지옥을 알리셨으며 오늘날에도 신실한 믿음을 가진 하나님의 사람들이 그것을 전파합니다.

천국과 지옥은 우리 눈에 보이는 3차원의 세계가 아니므로 하나님께서 알려 주고 보여 주셔야만 알 수 있습니다. 하지만 이 땅의 한정된 언어와 지식으로 표현하다 보면 자칫 오해할 수 있기에 사도 바울은 셋째 하늘에 있는 낙원을 보고도 자세한 내용을 다 이르지 못했습니다(고후 12:1~4).

저 또한 천국과 지옥을 널리 전하기 위해 무수히 금식하고 기도한 끝에 자세한 내용을 알려 주셔서 책으로 엮어 펴냈습니다. 많은 사람이 은혜를 받아 이번에는 『천국(상)』을 쉽게 휴대하여 양식 삼을 수 있도록 핸디북으로 발간하게 되었습니다.

천국의 비밀을 알려 주시는 하나님의 사랑을 깨달아 수정같이 맑고 아름다운 천국을 소유하기 바라며 더욱 힘차게 새 예루살렘 성을 향하여 달려가시기를 주님의 이름으로 축원합니다.

2016년 3월

이재록 목사

글 머리에

『천국』 책자를 펴내 수많은 사람이 영의 세계를 바로 알고 천국의 소망 가운데 달려갈 수 있도록 인도하시는 아버지 하나님께 모든 감사와 영광을 돌립니다.

이 책은 천국의 아름다움과 생활에 대하여, 믿음의 분량대로 들어가는 천국의 각 처소와 상급에 대하여 자세히 알려 주며 총 10장으로 구성되어 있습니다.

1장 「수정같이 맑고 아름다운 천국」 편에서는 하나님과 어린양의 보좌가 있어 그 영광의 빛으로 해와 달이 쓸데없으며, 생명수 강이 흐르는 수정같이 맑고 아름다운 천국의 전반적인 모습을 알려 주고 있습니다.

2장 「에덴동산과 천국의 대기 장소」 편에서는 첫 사람 아담이 살았던 에덴동산의 위치와 모습, 그리고 그곳에서의 삶 등을 설명하며, 아울러 하나님께서 에덴동산에 선악과를 두신 섭리가 무엇인지 살펴보았습니다. 또한 구원받은 사람들이 백보좌 대심판 이전까지 머무는 대기 장소와 그곳에서의 삶을 알려 줍니다.

3장 「7년 혼인 잔치와 천년왕국 이후에 주어지는 천국」 편에서는 주님의 공중 강림과 7년 혼인 잔치, 그리고 주님의 지상 재림과 천년왕국 및 백보좌 대심판에 대하여 전합니다.

4장 「창세부터 감추인 천국의 비밀」 편에서는 예수님의 비유 말씀에서 드러난 천국의 비밀을 살펴보면서 천국을 소유하는 구체적인 방법을 알려 주고 있습니다.

5장 「천국에서는 어떤 모습으로 어떻게 살아갈까?」 편에서는 천국에서의 키와 몸무게, 피부색 등 영체의 모습과 행복한 천국 생활의 구체적인 예를 소개합니다.

6장 「부끄러운 구원을 받은 영혼이 들어가는 낙원」 편에서는 비록 천국의 가장 낮은 처소이지만 이 땅과는 비교할 수도 없이 아름답고 행복한 낙원의 모습을 소개하면서 과연 어떤 믿음을 지닌 사람이 그곳에 들어가는지 살펴보았습니다.

7장 「하나님 말씀대로 행하려는 영혼이 들어가는 1천층」 편에서는 예수 그리스도를 영접하고 하나님 말씀대로 살고자 노력하는 사람들이 들어가는 1천층의 삶과 상급을 알려 줍니다.

8장 「사명을 감당한 영혼이 들어가는 2천층」 편에서는 마음의 성결을 이루지는 못했으나 사명을 잘 감당한 영혼이 들어가는 2천층의 삶과 상급을 소개합니다.

9장 「마음이 성결한 영혼이 들어가는 3천층」 편에서는 2천층과는 비교할 수 없이 화려하고 아름다운 3천층의 영광을 살펴보았습니다. 3천층은 악은 모양이라도 버리고 성결해야 들어갈 수 있는 곳으로서 연단을 허락하시는 하나님의 사랑을 알려 줍니다.

마지막으로, 10장 「온 집에 충성한 영혼이 들어가는 새 예루살렘 성」 편에서는 하나님의 보좌가 있으며 가장 아름답고 영광스러운 처소인 새 예루살렘 성을 소개하면서 더욱 힘차게 그곳을 향해 달려가기를 축원하는 내용입니다.

하나님께서는 수정같이 맑고 아름다운 천국 처소를 예비하고 모든 영혼이 구원에 이르기를 원하시며, 한 영혼이라도 더 새 예루살렘 성에 들어오기를 고대하십니다. 이 책을 대하는 분마다 크신 사랑을 깨닫고 가장 아름다운 천국 새 예루살렘 성을 침노하시기를 주님의 이름으로 기원합니다.

2016년 3월

빈금선 편집국장

/ CONTENTS /

**천국 (상)** | 수정같이 맑고 아름다운 곳

펴내는 글 · 5
글 머리에 · 7

**chapter 1**
수정같이 맑고 아름다운 천국 · 13

**chapter 2**
에덴동산과 천국의 대기 장소 · 35

**chapter 3**
7년 혼인 잔치와 천년왕국 이후에 주어지는 천국 · 59

**chapter 4**
창세부터 감추인 천국의 비밀 · 83

## chapter 5
천국에서는 어떤 모습으로 어떻게 살아갈까? · 101

## chapter 6
부끄러운 구원을 받은 영혼이 들어가는 낙원 · 133

## chapter 7
하나님 말씀대로 행하려는 영혼이 들어가는 1천층 · 151

## chapter 8
사명을 감당한 영혼이 들어가는 2천층 · 163

## chapter 9
마음이 성결한 영혼이 들어가는 3천층 · 179

## chapter 10
온 집에 충성한 영혼이 들어가는 새 예루살렘 성 · 199

chapter 1

# 수정같이 맑고
# 아름다운 천국

새 하늘과 새 땅
수정같이 맑은 생명수 강이 흐르는 곳
하나님과 어린 양의 보좌가 있는 곳

·
·
·

또 저가 수정같이 맑은
생명수의 강을 내게 보이니
하나님과 및 어린 양의 보좌로부터 나서
길 가운데로 흐르더라
…
그의 이름도 저희 이마에 있으리라
다시 밤이 없겠고
등불과 햇빛이 쓸데없으니
이는 주 하나님이 저희에게 비취심이라
저희가 세세토록 왕 노릇 하리로다

계 22:1~5

'천국은 어떤 곳일까?' 궁금하게 여기는 사람이 많습니다. 그중에는 영의 세계를 체험한 사람도 많습니다. 호흡이 끊어진 후 영혼이 몸을 빠져나가 내세를 경험하는가 하면, 하나님께서 주신 은사 또는 성령의 감동함 가운데 영안이 열려서 천국을 보는 경우도 있습니다. 그리고 사도 요한처럼 사람의 영이 천국에 다녀오는 경우도 있지요.

하지만 천국을 경험한 사람이라 해도 천국 전체를 돌아보고 온 경우는 거의 없기 때문에 천국에 대해 잘 안다고 말하기는 어렵습니다. 그렇다면 천국을 가장 잘 알고 있는 분은 과연 누구일까요? 바로 천국의 주인이신 하나님입니다. 따라서 천국을 자세히 알고자 한다면 당연히 그곳을 만드신 하나님께 풀이받아야 합니다.

저는 주의 종으로 부름받은 후 성경에 기록된 난해구절을 풀이받기 위해, 그리고 목회자로서 능력받기 위해 무수한 기도와 금식을 쌓았습니다. 그러던 1984년 5월, 하나님께서는 생일을 앞두고 기도처에서 금식하며 기도하게 하시더니 천국에 대해 매우 자세하게 풀어 주셨습니다.

고린도후서 4장 18절에 "우리의 돌아보는 것은 보이는 것이 아니요 보이지 않는 것이니 보이는 것은 잠깐이요 보이지 않는 것은 영원함이니라" 말씀한 대로 천국은 눈에 보이지 않는다 해도 분명히 존재하는 영원한 곳입니다.

과연 천국은 어떠한 곳이며 어떻게 살아갈까요?

## 1. 새 하늘과 새 땅

성령에 이끌려 천국을 보고 온 사도 요한은 계시록에서 구체적으로 설명합니다.

"또 내가 새 하늘과 새 땅을 보니
처음 하늘과 처음 땅이 없어졌고
바다도 다시 있지 않더라"(계 21:1)

여기서 새 하늘과 새 땅은 천국의 하늘과 땅을, 처음 하늘과 처음 땅은 지구를 말합니다. 처음 하늘과 처음 땅이 없어졌다는 것은 아주 사라졌다는 뜻이 아니라 백보좌 대심판이 끝나면 지구를 지금의 위치에서 다른 곳으로 옮긴다는 의미입니다.

우리 사람이 살아갈 터전으로 만들어진 처음 하늘과 처음 땅은 심판이 끝난 후에는 필요가 없습니다. 천국에 들어간 사람들이 다시 이 지구에 찾아와서 돌아보는 일도 없고 지금과 같이 지구에 생명력이 있어서 운행되거나 네 계절이 펼쳐지는 것도 아니기 때문입니다. 물론 필요가 없다 해서 이 육의 세상이 소멸된다는 뜻은 아닙니다. 다만 다른 곳으로 옮겨져 존재하며 하나님께서는 그 공간으로 통하는 문을 닫아두시게 됩니다. 그러면 새 하늘 곧 천국의 하늘은 어떤 하늘일까요?

### 수정같이 맑고 파란 새 하늘

히브리서 8장 5절에 "저희가 섬기는 것은 하늘에 있는 것의 모형과 그림자라" 말씀합니다. 즉 천국에 있는 것이 본체요 실체이며 그 모형과 그림자가 바로 이 땅에 있는 것들이지요.

따라서 천국의 하늘도 이 세상의 하늘처럼 푸른색을 띱니다. 그런데 실체가 그림자보다 훨씬 또렷하듯이 하나님께서 예비하신 천국의 새 하늘은 이 땅과 달리 전혀 오염되지 않아서 참으로 맑고 깨끗합니다. 하나님께서 하늘을 파란색으로 만드신 이유는 영적으로 파란색은 깊이와 높이, 맑음을 느끼게 하기 때문입니다.

호수나 바다의 물이 파란색에 가까울수록 더 깊고 맑다는 것을 알 수 있고, 파란 하늘을 바라볼 때 마음이 싱그럽고 맑아지는 것을 느낄 수 있습니다.

반면, 하늘이 잿빛 구름으로 덮일 때에는 왠지 우울하고 부정적인 생각이 더 많이 듭니다. 오랜 장마가 끝나고 구름이 걷히면서 파란 하늘이 드러나기 시작하면 마치 숨통이 트이는 것처럼 답답했던 마음이 시원해집니다. 하늘의 빛깔에 따라 마음이 정화되기도 하고 혼란스러워지기도 하는 것입니다.

그래서 하나님께서는 천국의 하늘을 노란색, 빨간색, 보라색이 아닌 우리의 영혼에 좋은 영향을 주는 파란색으로 만드셨습니다. 하늘을 바라보는 하나님의 자녀들이 수정같이 맑고 아름다운 마음으로 세세토록 행복하게 살 수 있도록 하신 것이지요.

그러면 천국의 하늘에도 해와 달이 있을까요? 이에 대한 해답은 요한계시록 22장 5절에 있습니다.

"다시 밤이 없겠고 등불과 햇빛이 쓸데없으니
이는 주 하나님이 저희에게 비취심이라
저희가 세세토록 왕 노릇 하리로다"

천국에는 해와 달이 필요 없습니다. 햇빛과는 비교할 수 없는 하나님 영광의 빛이 천국 전체를 비추기 때문입니다. 이 빛은 맑고 영롱하며 매우 밝기 때문에 천국에는 어둠이 전혀 없고 밤도 없습니다.

### 천국의 구름과 계절

구름 한 점 없이 맑고 푸른 하늘을 보는 것도 좋지만, 항상 그 모습이라면 단조롭게 느껴질 것입니다. 때로는 솜털처럼 새하

얀 구름이 둥실둥실 떠가는 모습이나 석양에 붉게 물든 모습, 수시로 바뀌는 구름의 모습에서 색다른 아름다움을 느낄 수 있습니다.

천국의 하늘에도 구름은 아름다움을 더하는 하나의 장식품 같은 역할을 합니다. 이 땅에서 구름이 연출하는 장면보다 훨씬 아름다운 모양으로 천국에 사는 영혼들의 마음에 행복을 더해 줍니다. 예를 들어, 새 예루살렘에 들어간 사람이 하늘을 바라보며 아버지 하나님의 사랑을 생각하고 찬송할 때에 천사들이 그 마음을 헤아려 구름으로 표현해 줍니다. 하트 모양을 만든다든지, "아버지 사랑해요."라는 뜻의 글씨를 만들어 줄 수도 있습니다.

천국에는 천체의 움직임과 무관하게 오직 하나님의 능력으로 봄, 여름, 가을, 겨울이라는 사계절이 조성됩니다. 하나님께는 사계절이 필요 없지만, 자녀들을 위해 계절마다 아름다운 자연 정취를 즐길 수 있게 해 주신 것입니다. 그래서 천국에서도 단풍이나 눈 내리는 정경을 볼 수 있습니다.

그렇다고 천국에도 더위나 추위가 있다거나, '가을이 되면 나뭇잎이 시드나 보다!' 하고 생각해서는 안 됩니다. 사계절의 구분이 있지만 춥지도 덥지도 않으며, 나뭇잎이 시드는 것이 아니라 하나님의 능력으로 아름다운 단풍이 생성되는 것입니다.

하나님의 자녀들이 살기에 가장 적합한 환경이며, 영의 세계이기 때문에 썩고 변질되는 것이 전혀 없습니다. 이처럼 하나님께서는 자녀들이 경작받는 동안 계절의 변화 속에 아름답다고 느낀 요소들을 천국에서도 느낄 수 있도록 아름답게 조성하셨습니다.

### 정금과 보석으로 만들어진 새 땅

천국의 땅은 금과 은, 각종 보석으로 되어 있습니다. 천국의 땅을 이루는 금, 은, 보석들은 동그란 구슬 형태로 바람이 불어도 날리지 않기 때문에 먼지가 전혀 없습니다.

우리가 사는 세상의 땅은 썩고 변하는 흙으로 만들어져 있습니다. 이는 곧 인생의 허무함과 사망을 알려 주기 위해서이지요. 땅에서 자라는 식물이 썩고 죽는 과정을 허락하신 까닭도 마찬가지입니다.

그러나 천국은 영원한 세계로서 땅과 길이라 해도 영원히 변치 않는 것으로 되어 있습니다. 천국에서는 금, 은이나 보석으로 된 땅에도 식물이 살 수 있고 영원히 생명을 유지합니다.

천국은 모든 처소에 정금으로 된 길이 있습니다. 그곳의 정금은 이 땅의 순금처럼 무르지 않고 단단하지만 그 위를 걸을 때는 매우 부드러운 느낌이 듭니다. 게다가 닳아 없어지지도 않으므로 아무리 많은 사람이 걷는다 해도 훼손되지 않습니다.

뿐만 아니라 처소에 따라 꽃길, 보석길 등 다양한 길이 있습니다. 이 땅에서 잔디밭을 걸을 때와, 흙길, 자갈길, 아스팔트길 등을 걸을 때에 제각기 느낌이 다르듯이 천국에서도 길마다 느낌이 다릅니다. 또한 에스컬레이터나 무빙워크처럼 그냥 서 있기만 해도 하나님의 능력에 의해 저절로 움직이는 길도 있습니다.

흔히 꽃길이라 하면 길 양편에 꽃이 피어 있는 모습을 떠올리는데, 천국의 꽃길은 꽃 자체로 만들어진 길로서 그 위를 걸어갑니다. 천국에서는 가벼운 영체의 몸이므로 꽃 위를 걸어간다 해도 꽃이 짓눌리거나 상하지 않으며, 마치 양탄자 위를 걷는 것처럼 포근하고 부드러운 감촉이 납니다. 꽃들은 하나님의 자녀가 그 위를 걸어가면 매우 좋아하며 더욱 진한 향기를 발산합니다. 그 향기가 온몸에 스며들어 마음이 더욱 즐겁고 충만해집니다.

보석길은 영롱한 빛을 발하는 온갖 보석이 깔려 있는 길입니다. 보석 자체에서 오색찬란한 빛이 날 뿐만 아니라 그 길을 밟을 때마다 한층 더 아름다운 빛을 발산합니다.

보석길을 걸을 때면 마치 맑은 물 위를 걷는 것과 같이 약간의 긴장감이 들기도 합니다. 물속으로 빠질 것 같은 아슬아슬함과 불안함이 아니라, 보호 장치가 있음을 믿는 데서 오는 안도감과 함께 갖는 스릴에 비유할 수 있습니다.

보석길은 천국의 어디에서나 흔히 볼 수 있는 것이 아닙니다. 온전히 주님의 마음을 닮았을 뿐만 아니라 인간 경작의 섭리를 이루기 위해 큰 공헌을 한 사람들의 집 안과 그 주변에 하나님께서 특별히 만들어 주시기 때문입니다.

## 2. 수정같이 맑은 생명수 강이 흐르는 곳

천국에는 수정같이 맑은 생명수 강이 길 가운데로 흐르고 있습니다.

"또 저가 수정같이 맑은 생명수의 강을 내게 보이니
하나님과 및 어린 양의 보좌로부터 나서
길 가운데로 흐르더라"(계 22:1, 2)

이 땅에서도 맑은 물을 보면 마음이 맑아지고 깨끗해지는 것을 느낄 수 있습니다. 더구나 바다나 호수에 햇빛이 반사되어 반짝이는 물결을 보면 참으로 아름답다는 생각이 들지요. 하물며 천국의 생명수 강은 어떻겠습니까.

생명수 강이 얼마나 맑고 깨끗한지 사도 요한은 "수정같이 맑다"고 표현합니다. 생명수 강은 물살이 세거나 흐름이 급하지 않으며 흐르는 듯 흐르지 않는 듯 잔잔하게 흐릅니다. 수정에 빛을 비추면 찬란한 빛이 반사되어 나오듯이, 생명수 강물 위에 찬란한 빛이 눈부실 정도로 반짝거립니다.

그 맑고 투명함은 세상 어떤 것에도 비할 수 없습니다. 이는 아버지 하나님의 마음을 나타냅니다. 곧 어둠이나 흐림이 없이 눈부시게 영롱하고, 흠도 티도 없이 맑고 아름다운 마음이며, 모든 것에 온전하신 마음이지요.

생명수 강은 천국의 중앙에 있는 "하나님과 및 어린 양의 보좌"에서 시작됩니다. 새 예루살렘에서 낙원까지 천국의 모든 처소를 돌아서 다시 새 예루살렘으로 순환합니다.

**천국을 두루 돌아 흐르는 생명수**

천국의 강을 왜 생명수 강이라고 하며, 천국을 두루 돌게 하신 까닭은 무엇일까요?

요한복음 4장 14절에 예수님께서는 "내가 주는 물을 먹는 자는 영원히 목마르지 아니하리니 나의 주는 물은 그 속에서 영생하도록 솟아나는 샘물이 되리라" 하셨습니다. 여기서 예수님께서 주시는 물은 영적으로 하나님 말씀을 상징하며, 이 물은 영원한 생명을 주기에 영생수라 합니다.

모든 생명체는 물이 있어야 살 수 있습니다. 이와 마찬가지로 천국에 들어온 영혼들은 하나님께서 주신 생명을 얻어 구원받았다는 것을 나타내기 위해 이 강을 "생명수 강"이라 명명하신 것입니다.

생명수가 천국을 두루 돌아 흐르는 데에는 천국에 있는 모든 영혼을 하나님께서 다스리고 보존하시며 은혜를 내려 더욱 충만하게 살도록 해 주신다는 의미가 담겨 있습니다.

천국에는 생명수 강 외에도 바다나 호수가 곳곳에 있으며 크기도 다양합니다. 생명수 강줄기를 따라 가다보면 이 세상에서 크다고 하는 이과수 폭포나 빅토리아 폭포, 나이아가라 폭포보다 더 크고 멋진 폭포들이 있습니다.

그러면 생명수 강의 물은 과연 어떤 맛일까요? 이 땅에서 맛볼 수 없는 달콤한 맛이 돌며 마시고 나면 몸 전체가 더욱 충만해집니다. 하나님께서 처음 지구를 만드실 때에 생명수 강의 물을 주셨습니다. 하지만 아담의 불순종으로 인해 이 땅의 모든 것이 저주받을 때에 물 또한 본래의 맛을 잃어버렸지요. 장차 천국에서 직접 마셔 보아야 그 맛을 알 수 있습니다.

이 땅의 물은 잠시 갈증을 해소할 뿐 영원한 생명을 줄 수 없지만, 천국의 생명수는 생명과 능력과 충만함을 줍니다. 생명수는 강에 직접 입을 대고 마시기도 하고, 예쁜 옥잔이나 황금잔에 담아 마시기도 합니다. 강가의 벤치에 앉아 있으면 천사들이 떠다 주기도 하지요.

### 생명수 강 양쪽에 길을 두신 이유

생명수 강 양쪽으로 난 길에는 멋진 경관이 조성되어 있어 한가로이 여가를 즐길 수 있습니다. 하나님께서 만드신 모든 것에는 의미 없는 것이 없습니다. 생명수 강 양쪽에 길이 있는 이유는 무엇일까요?

첫째, 천국 어디서든지 하나님 보좌가 있는 곳을 쉽게 찾아올 수 있도록 하기 위해서입니다. 생명수 강이 하나님 보좌로부터 나와 천국 전체를 돌며 흐르기 때문에 강 좌우로 난 길을 따라가면 결국 가장 아름다운 천국 새 예루살렘에 이르는 것이지요.

둘째, 생명수 강을 따라가면 결국 하나님 보좌에 이르는 것처럼, 이 땅에서 영생수인 하나님 말씀을 따라 살면 천국에 이를 뿐 아니라, 가장 아름다운 새 예루살렘에 이를 수 있음을 영적으로 알려 주기 위해서입니다.

요한복음 14장 6절에 예수님께서 "내가 곧 길이요 진리요 생명이니 나로 말미암지 않고는 아버지께로 올 자가 없느니라" 말씀하신 대로 예수 그리스도를 믿음으로 하나님의 자녀가 되고, 동시에 천국의 시민권을 얻습니다.

그러나 이것으로 다 된 것이 아니라, 이 땅의 삶이 다하는 날까지 천국으로 가는 길과 진리, 생명이 되시는 예수님의 말씀을 따라 살아가야 합니다.

도로 교통 표지판처럼 진리 안에는 우리가 곁길로 빠지지 않고 천국 새 예루살렘까지 곧장 갈 수 있는 명확하고 쉬운 안내 표시들이 있습니다. 곧 "하라, 하지 말라, 버리라, 지키라"는 하나님 말씀들이 있는데 그대로 믿고 순종하면 짧은 기간 안에 천국의 최고 처소인 새 예루살렘에 이를 수 있는 것입니다.

**생명수 강가의 풍경**

생명수 강과 양편에 놓인 길은 서로 맞닿아 있는 것이 아니라 그 사이에 아름다운 모래사장이 펼쳐져 있습니다. 물론 돌 부스러기가 아닌 금모래, 은모래입니다. 이 땅에서도 고운 모래는 감촉이 부드럽고 그 위에 앉으면 폭신한 느낌을 주는데 금모래, 은모래는 그보다 훨씬 부드럽고 좋습니다.

종류도 눈에 보일 듯 말 듯 작은 것부터 굵은 것에 이르기까지 매우 다양합니다. 그 위에서 아무리 뒹굴고 뛰놀아도 먼지가 날리거나 옷에 묻지 않으며, 모래가 눈에 들어가 해를 입히는 일도 없습니다.

생명수 강가 좌우에는 아름드리 생명나무들이 쭉 늘어섰는데 열두 가지 실과를 맺습니다. 생명나무 한 그루에 열두 가지 실과가 한꺼번에 맺히는 것이 아니라 열두 종류의 생명나무가 각기 다른 열매를 맺지요.

그러면 요한계시록 22장 2절에 생명나무가 달마다 실과를 맺는다고 했는데, 무슨 의미일까요?

이는 열두 종류의 나무가 달마다 번갈아가며 과실을 맺는다는 의미가 아니라 실과가 사라지거나 없어지지 않고 늘 맺혀 있음을 표현한 것입니다. 생명나무에는 과실이 항상 맺혀 있고 누군가 과실을 따면 그 자리에서 다시 생겨납니다. 천국에는 각종 과일 나무가 있는데 생명나무에서 나는 과일을 '생명 과일'이라고 합니다. 열두 가지 생명 과일은 각각의 빛, 크기, 모양과 맛이 다릅니다.

창세기 2장 9절에 "여호와 하나님이 그 땅에서 보기에 아름답고 먹기에 좋은 나무가 나게 하시니 동산 가운데에는 생명나무와 선악을 알게 하는 나무도 있더라" 말씀합니다.

생명 과일과 선악과는 크기가 이 땅의 과일 중 멜론 정도인데, 모양과 빛깔은 확연히 구분됩니다. 선악과는 복숭아와 비슷한 모양에 분홍빛을 띠는 반면, 생명 과일은 사과와 비슷한 모양에 약간 붉은색을 띱니다.

에덴동산에 있는 생명나무와 천국에 있는 생명나무는 동일하지만 빛깔이 다릅니다. 가령 똑같은 사과도 빛을 비출 때와 그렇지 않을 때에 달라 보이듯이 같은 생명 과일이라도 공간의 차이로 인해 그 빛깔이 다른 것입니다.

예전에 하나님께서 저에게 생명수 강가의 풍경을 환상으로 보여 주신 적이 있습니다. 강 좌우에는 금이나 보석으로 무늬를 놓은 벤치가 놓였고 하나님의 자녀들이 그곳에 앉아 담소를 나누고 있었습니다. 하나님의 자녀들이 생명 과일을 먹고 싶어 하면 천사가 그 마음을 알아 황금으로 된 꽃바구니에 담아 갖다 주는 모습을 보았습니다.

사랑하는 사람들과 아름다운 벤치에 나란히 앉아 영롱한 빛을 내는 생명수 강을 바라보거나, 강가를 거닐면서 이 땅에서 못다 한 얘기를 나누는 모습을 상상해 보십시오.

생명수 강은 그저 바라보기만 하는 것이 아니라 물속에 들어가 수영할 수도 있습니다. 이 땅에서는 수영을 못하는 사람이라 해도 천국에서는 자유형, 배영, 평영, 접영 등 자유자재로 할 수 있지요. 호흡이 자유롭기 때문에 아무런 장비를 갖추지 않아도 물고기처럼 오래 물속에 있을 수 있습니다.

우리가 수영을 하러 물속에 들어가면 물고기들이 반기듯이 따라오기도 합니다. 이 세상에서는 수영하려면 옷을 갈아입어야 하는 번거로움이 있지만 천국에서는 물이 옷에 스며들지 않고 방울이 되어 또르르 굴러 떨어지기 때문에 갈아입을 필요가 없습니다. 따라서 언제라도 마음껏 즐길 수 있습니다.

### 3. 하나님과 어린 양의 보좌가 있는 곳

요한계시록 22장 3~5절을 보면 천국의 중앙에는 하나님과 어린 양의 보좌가 있습니다.

"다시 저주가 없으며 하나님과

그 어린 양의 보좌가 그 가운데 있으리니

그의 종들이 그를 섬기며 그의 얼굴을 볼 터이요

그의 이름도 저희 이마에 있으리라

다시 밤이 없겠고 등불과 햇빛이 쓸데없으니

이는 주 하나님이 저희에게 비취심이라

저희가 세세토록 왕 노릇 하리로다"

**하나님과 어린 양의 보좌**

천국은 하나님께서 사랑과 공의로 다스리는 영원한 나라로서 그 중앙에 있는 새 예루살렘 성 안에는 하나님과 어린 양의 보좌가 있는데, 여기서 어린 양은 예수님을 가리킵니다(출 12:5 ; 요 1:29 ; 벧전 1:19).

하나님께서 평소에 계시는 곳은 아무나 들어갈 수 없는 곳으로 새 예루살렘 성과는 또 다른 차원의 공간에 있습니다. 그곳에 있는 하나님의 보좌는 새 예루살렘 성에 있는 보좌와는 비교도 되지 않을 정도로 매우 아름답고 찬란합니다.

새 예루살렘 성에 있는 하나님의 보좌는 성도들이 예배를 드릴 때나 연회를 베풀 때에 하나님께서 친히 참석하기 위해 임재하시는 곳입니다. 보좌에 앉으신 하나님의 모습은 요한계시록 4장 2, 3절에 구체적으로 기록되어 있습니다.

"보라 하늘에 보좌를 베풀었고
그 보좌 위에 앉으신 이가 있는데
앉으신 이의 모양이 벽옥과 홍보석 같고
또 무지개가 있어 보좌에 둘렸는데
그 모양이 녹보석 같더라"

하나님의 보좌 주변에는 이십사 장로가 흰옷을 입고 금면류관을 쓰고 있으며 보좌 앞에는 일곱 영과 유리 바다가 넓게 펼쳐 있습니다. 그리고 하나님의 보좌 가운데와 주위에는 앞뒤에 눈이 가득한 네 생물이 있고 수많은 천군 천사가 있습니다. 하나님의 보좌는 빛으로 둘러 있으며 사람으로서는 도저히 상상할 수 없을 만큼 아름답고 황홀하며 거대합니다.

**찬란한 영광의 빛으로 어둠이나 밤이 없는 천국**

이처럼 아름다운 영광의 빛으로 찬란한 하나님의 보좌 위에 하나님께서 친히 좌정하셔서 사랑과 공의로 천국과 우주만물을 다스리십니다. 또한 하나님의 보좌 옆에는 어린 양의 보좌도 있어 영광의 빛을 발하는 등불이 됩니다. 그래서 천국은 해와 달의 비췸이 쓸데없다 한 것입니다. 앞서 말씀드린 대로 어둠이나 밤이 없으며 당연히 등불이나 전기가 필요 없습니다.

그런데 이러한 천국에 누구나 들어갈 수 있는 것이 아니며, 아무나 하나님을 뵐 수 있는 것은 더더욱 아닙니다. 히브리서 12장 14절에 "모든 사람으로 더불어 화평함과 거룩함을 좇으라 이것이 없이는 아무도 주를 보지 못하리라" 말씀하셨고, 마태복음 5장 8절에는 "마음이 청결한 자는 복이 있나니 저희가 하나님을 볼 것임이요" 약속하셨습니다.

따라서 온전히 하나님 말씀에 순종하여 마음의 악을 벗은 성도들만 하나님의 얼굴을 친히 뵐 수 있습니다. 주님의 마음을 닮은 만큼 이 땅에서 하나님의 사랑과 축복을 받음은 물론 천국에서도 하나님의 보좌 가까운 곳에 살 수 있는 것입니다. 영원토록 하나님을 친히 뵙고 섬기며 사랑을 주고받을 수 있으니 얼마나 기쁘고 행복하겠습니까.

### 영원한 천국에서 누리는 행복

천국은 하나님께서 지극한 사랑으로 그의 자녀들을 위하여 예비하신 최고의 선물이기 때문에 무엇을 하든지 참된 행복을 영원히 누릴 수 있습니다. 사람의 지혜로는 도무지 상상할 수 없을 만큼 황홀하고 신비로운 곳입니다.

특히 하나님을 닮아 수정같이 맑고 아름다운 마음을 이룬 사람은 천사들이 무엇이든지 원하는 것을 해 주기 때문에 왕자나 공주와 같이 섬김을 받으며 세세토록 살아갑니다. 심지어 동식물도 하나님의 자녀들을 사랑하여 섬기며 행복을 줍니다.

천국에는 무수히 많은 종류의 동물과 새, 물고기가 있는데 이 세상에 없는 것도 많고, 이 세상에는 있지만 천국에 없는 것도 있습니다. 토끼, 돼지, 족제비, 도마뱀 등 하나님께서 '가증하다'거나 '부정하다' 하신 동물은 천국에 없지요(레 11장).

천국의 동물은 이 땅의 것보다 약간 더 크고, 성질도 온유하며 순종적입니다. 하나님의 자녀들을 보면 너무나 반가워하며 좋아합니다. 주인의 말을 잘 따르며, 그 마음을 헤아려서 어떻게 하면 귀여움 받을지 알아서 재롱을 부리는 등 주인을 기쁘게 합니다.

또한 짐승의 털과 새의 깃털에서는 영롱한 빛이 나며 은은한 향내가 납니다. 이 땅에서 동물의 왕이라 불리는 사자도 천국에서는 사납지 않고 온순하며, 금빛 찬란한 갈기가 있어 훨씬 멋있습니다. 물고기도 비늘과 지느러미의 빛깔이 매우 아름다운데, 때에 따라 그 빛깔이 바뀌는 종류도 있습니다.

그리고 천국에는 무수히 많은 종류의 식물이 있습니다. 이 땅의 식물은 뿌리로 물과 양분을 흡수하고 잎으로는 광합성을 함으로써 자라나고 꽃도 피우며 열매를 맺습니다. 그러나 천국의 식물은 이 땅의 식물과 구조는 같지만 스스로 어떤 작용을 해서 사는 것이 아니며 하나님께서 주신 생명을 영원히 유지합니다.

꽃은 하나님의 자녀가 다가가면 경외하고 정중히 맞이한다는 것을 느낄 수 있도록 향을 발하거나 줄기와 가지를 흔들며 굽힙니다. 또는 꽃봉오리를 오므렸다가 활짝 피면서 향기를 발산함으로써 마치 "주인님! 어서 오세요. 제게 다가와 주셔서 너무 기뻐요."라고 말하듯이 영접합니다. 또한 천사들이 하나님을 찬양할 때에 꽃들은 리듬을 타고 움직이며 향을 강하게 혹은 약하게 냄으로써 찬양하기도 합니다.

 천국의 식물은 아무리 시간이 흘러도 잎이나 꽃, 열매가 떨어지지 않습니다. 열매를 따면 바로 그 자리에서 다시 열매가 나와서 항상 과일이 맺혀 있지요. 꽃도 마찬가지로 꺾으면 그 자리에서 바로 다시 꽃이 피어납니다.

 꺾인 꽃도 시들지 않으며 처음 꺾을 때의 싱싱한 모습 그대로 유지할 수 있습니다. 주인의 마음에 따라 그대로 두고 싶으면 둘 수도 있고, 정리하고 싶어 하면 꺾인 꽃이 분해되어 깨끗하게 사라집니다.

 만일 주인이 꽃잎이 바람에 흩날리는 장면을 보고 싶어 한다면 스스로 꽃잎을 떨쳐 날림으로써 기쁘게 해 줍니다. 꽃잎을 빻아 가루로 만들면 더 진한 향을 내는 종류도 있어 주인이 그것을 병에 담아두고 싶다면 언제까지 그렇게 보존할 수 있습니다.

 식물마다 상큼한 향, 달콤한 향, 고상한 향 등 독특하고 좋은 향이 있습니다. 아무리 발산해도 끝이 없으며 농도가 조절되어 진한 향을 멀리까지 발산하기도 하고 은은한 향을 내기도 합니다.

동식물도 이처럼 기쁨을 주는데 천국의 집이나 각종 시설 등은 얼마나 아름다우며, 그곳에서 누리는 행복은 어떠하겠습니까. 하나님의 사랑과 권능으로 예비하셨으니 상상을 뛰어넘는 일들의 연속입니다. 행복한 천국 생활에 대해서는 5장 이하에서 구체적으로 살펴보겠습니다.

 동식물을 비롯하여 천국에 있는 모든 것은 결국 구원받은 하나님의 자녀들을 위해 하나님께서 마련해 주신 것입니다. 이 땅에서 오직 하나님의 뜻대로만 살았던 참 자녀들에게는 천국에서 원하는 대로 주어집니다.

 이러한 것을 누릴 소망 가운데 참된 믿음의 행함으로 하나님의 기뻐하시는 자녀가 되어 천국에서 가장 존귀하고 영광스러운 삶을 영위하시기 바랍니다.

chapter 2

# 에덴동산과 천국의 대기 장소

하늘들
둘째 하늘에 있는 에덴동산
에덴동산에서 쫓겨나 이 땅에서 경작받는 사람들
구원받은 영혼들의 천국 대기 장소
천국의 대기 장소를 거치지 않는 하나님의 사람들

·
·
·

오직 주는 여호와시라
하늘과 하늘들의 하늘과
일월성신과 땅과 땅 위의 만물과
바다와 그 가운데 모든 것을 지으시고
다 보존하시오니 모든 천군이
주께 경배하나이다

느 9:6

천국은 인간 경작을 받은 하나님의 자녀들을 위해 하나님께서 예비하신 영원한 세계입니다. 이 땅에 사는 동안 예수 그리스도를 영접하고 성령을 받아 생명을 얻은 영혼들이 영원히 사는 곳입니다.

이와 달리 인간 경작을 받지는 않았지만 영원히 사는 영적 존재들이 있는데, 바로 첫 사람 아담과 하와가 에덴동산에서 살 때에 낳은 후손들입니다.

아담과 하와는 생육하고 번성하여 무수한 후손을 얻었습니다. 훗날 범죄하여 에덴동산에서 쫓겨난 사람은 오직 아담과 하와뿐이지요. 따라서 에덴동산에는 지금도 아담의 후손이 계속 번성하며 살고 있습니다.

그런데 많은 사람이 에덴동산을 이 땅 어딘가에 있었던 것으로 생각합니다. 성경학자들도 메소포타미아 지방 근처, 유프라테스 강과 티그리스 강 상류지방에 있었을 것으로 추정하고 고고학적 발굴과 연구를 거듭했습니다. 하지만 그 흔적 하나도 발견하지 못하고 있지요.

이처럼 에덴동산을 이 땅에서 찾을 수 없는 이유는 바로 에덴동산이 영의 공간에 만들어졌기 때문입니다. 그러면 에덴동산이 있는 영의 공간이란 과연 어디에 있는 것일까요? 이를 이해하기 위해 먼저 성경에 기록된 하늘들에 관하여 살펴보겠습니다.

## 1. 하늘들

하나님께서는 우리 눈에 보이는 공간 외에도 영의 세계에 속한 공간이 있다는 사실을 알려 주기 위하여 성경 곳곳에 '하늘'에 대해 기록해 놓으셨습니다.

"하늘과 모든 하늘의 하늘과 땅과 그 위의 만물은
본래 네 하나님 여호와께 속한 것이로되"(신 10:14)
"여호와께서 그 권능으로 땅을 지으셨고
그 지혜로 세계를 세우셨고
그 명철로 하늘들을 펴셨으며"(렘 51:15)

이 밖에도 시편 68편 33절을 비롯하여 여러 곳에 '하늘의 하늘', 혹은 '하늘들'이라는 표현이 나옵니다. 이를 통해 하늘이 하나가 아니라 여러 개라는 사실을 알 수 있습니다.

### 첫째, 둘째, 셋째, 넷째 하늘

하늘은 크게 넷으로 구분할 수 있는데, 우리가 살고 있는 이 세상의 하늘이 첫째 하늘로서 육의 세계이며, 둘째 하늘과 셋째, 넷째 하늘은 영의 세계입니다.

데살로니가전서 4장 17절에 "그 후에 우리 살아남은 자도 저희와 함께 구름 속으로 끌어올려 공중에서 주를 영접하게 하시리니" 했는데, 여기서 '공중'이라는 곳이 바로 둘째 하늘입니다.

그런데 에베소서 2장 2절에 "그때에 너희가 그 가운데서 행하여 이 세상 풍속을 좇고 공중의 권세 잡은 자를 따랐으니 곧 지금 불순종의 아들들 가운데서 역사하는 영이라" 말씀합니다. 이는 곧 원수 마귀 사단이 권세를 잡고 머무는 공간도 '공중'임을 말해 줍니다. 따라서 둘째 하늘에는 빛의 영역뿐만 아니라 어둠의 영역도 있다는 것을 알 수 있습니다.

첫 사람 아담과 하와가 범죄하기 전까지 살았던 에덴동산이 바로 둘째 하늘의 빛의 영역에 있습니다.

하나님께서 주신 권세로 에덴동산을 다스리고 지키던 아담이 그곳에서 쫓겨나자, 하나님께서는 에덴동산 동편에 그룹들과 두루 도는 화염검을 두어 생명나무의 길을 지키게 하셨습니다(창 3:24). 이는 둘째 하늘에 공존하는 악의 영들이 생명나무 과실을 따먹지 못하도록 하기 위해서이며, 하나님께서 에덴동산을 계속 보존하고 계시다는 증거입니다. 또한 어둠과 빛의 영역이 엄격히 구분되어 있음을 알 수 있습니다.

다음으로, 셋째 하늘은 우리가 소망하는 천국이 있는 곳입니다. 고린도후서 12장 2~4절을 보면, 사도 바울이 셋째 하늘에 이끌려가서 천국의 낙원을 보고 왔다고 고백합니다.

그런데 요한계시록 21장에는 사도 요한이 천국의 '새 예루살렘'에 대해 자세히 기록해 놓은 것을 볼 수 있습니다. 이로써 셋째 하늘에 있는 천국이 단지 하나의 공간이 아니라 여러 개로 나뉘어 있음을 알 수 있지요.

이를 믿음의 분량과 관련하여 간략히 살펴보겠습니다. 믿음을 다섯 단계로 나누어본다면 사도 바울이 보고 온 낙원은 믿음의 1단계, 즉 겨우 구원받을 수 있는 정도의 믿음을 소유한 성도의 천국 처소가 됩니다.

1단계보다 성장한 믿음의 2, 3단계에 이른 성도가 들어가는 곳이 각각 천국의 1천층, 2천층이며, 악은 모양이라도 버린 믿음의 4단계가 들어가는 곳은 3천층입니다. 그리고 가장 장성한 믿음의 분량인 5단계, 곧 온 영을 이룬 사람이 가는 처소가 바로 새 예루살렘이지요. 자세한 내용은 6장 이하에서 설명하겠습니다.

넷째 하늘은 하나님께서 태초에 홀로 계셨던 공간입니다. 그곳은 시간의 흐름이 정체되어 있어서 어떠한 시간의 제약도 따르지 않습니다. 삼위일체 하나님 외에는 임의로 들어갈 수 없는 곳으로, 특별한 몇 사람과 천사장만이 하나님의 허락 하에 들어갈 수 있습니다.

**각 하늘로 통하는 문**

하늘을 넷으로 구분하니 마치 첫째 하늘 위에 둘째 하늘, 그 위에 셋째, 넷째 하늘이 있는 것으로 이해해서는 안 됩니다. 육에 속한 하늘과 영에 속한 하늘은 분리되어 있는 것 같으면서도 겹쳐 있으며 그러면서 서로 연결되어 있습니다.

우리가 살고 있는 육의 세계와 영의 세계를 연결해 주는 문이 있어서 이 문을 통해 오갈 수 있습니다. 성경을 보면 이처럼 하늘로 통하는 문들이 있음을 알려 줍니다(창 7:11 ; 왕하 2:11 ; 눅 9:28~36 ; 행 1:9, 7:56).

부활하신 주님과 죽음을 보지 않고 승천한 에녹, 엘리야 선지자는 하늘에 있는 문으로 영의 세계에 들어갔습니다. 만약 첫째 하늘을 다 지나야 둘째 하늘이나 셋째 하늘에 이를 수 있다면 세 분이 빛의 속도로 날아간다 해도 아직 첫째 하늘조차 벗어나지 못했을 것입니다.

요한복음 20장 17절을 보면 부활하신 주님이 하나님께로 올라가시겠다고 말씀했는데, 19절에는 이 땅에 있는 제자들에게 나타나셨습니다. 즉 아주 짧은 시간에 하나님이 계신 천국에 다녀오신 것을 알 수 있습니다. 영의 세계로 통하는 문이 있어서 그곳을 통과하면 둘째 하늘, 혹은 셋째 하늘도 순간에 오갈 수 있는 것입니다.

## 2. 둘째 하늘에 있는 에덴동산

"여호와 하나님이 동방의 에덴에 동산을 창설하시고
그 지으신 사람을 거기 두시고 여호와 하나님이
그 땅에서 보기에 아름답고 먹기에 좋은 나무가 나게 하시니
동산 가운데에는 생명나무와
선악을 알게 하는 나무도 있더라"(창 2:8, 9)

둘째 하늘에 있는 에덴동산은 영의 세계이기는 하지만 셋째 하늘의 천국과 같은 완전한 영의 세계는 아닙니다. 영과 육의 중간단계 차원으로서 육의 차원과도 공존할 수 있는 세계이지요.

이는 인류의 조상이자 첫 에덴 사람인 아담을 살펴보아도 알 수 있습니다. 아담은 생령으로 창조되었기에(창 2:7) 이 땅에 살아가는 우리와는 달리 신령한 몸을 가진 존재였습니다. 그런데 오직 영으로만 된 천사와도 달라서 만져지는 살과 뼈가 있었습니다. 그래서 아담과 하와는 이 땅의 사람처럼 자손을 낳으며 생육하고 번성할 수 있었습니다.

창세기 3장 16절에 보면 "잉태하는 고통을 크게 더하리니" 했는데, 이는 이 땅으로 쫓겨나기 전 에덴동산에 살 동안에도 여자에게 잉태의 고통이 있었음을 의미합니다.

다만 생령일 때에는 그 고통이 미미했는데 범죄 후 저주를 받

으면서 크게 더해진 것이지요. 즉 아담과 하와가 죄를 범하기 전 에덴동산에 살 때 이미 자손을 낳았음을 알려 줍니다. 하나님의 명을 어기고 선악과를 먹은 아담과 하와만이 이 땅으로 쫓겨났고, 그의 후손은 생령이므로 지금까지 에덴동산에서 죽지 않고 살아 계속 번성하고 있습니다. 따라서 에덴동산은 이 땅보다 훨씬 인구가 많고 넓이를 헤아릴 수 없을 정도로 광활합니다.

### 에덴동산의 자연환경

에덴동산은 죽음이 없을 뿐만 아니라 지극히 평화로운 곳으로 하나님께서 정해 놓으신 질서와 법칙에 따라 운행됩니다. 지구와 환경이 비슷해서 온갖 식물과 동물이 있으며 아름다운 자연이 끝없이 펼쳐져 있습니다. 하지만 지구처럼 높은 산은 없고, 평지나 낮은 언덕과 같은 구릉 지대이며 그곳에 장막과 같은 것이 있습니다. 이는 사람들이 살려고 지은 집이 아니라 때때로 휴식을 취하기 위한 곳입니다.

이 땅에서 볼 수 있는 것이 대부분 존재하며, 처음 만들어진 때부터 지금까지 전혀 오염되거나 변질되지 않았기 때문에 이 땅과 달리 맑고 아름다운 상태를 그대로 유지하고 있습니다.

싱그러운 나무와 풀꽃이 만발한 초원에 누워서 위를 바라보면 새파란 하늘에 솜덩이 같은 흰 구름이 두둥실 떠다니며 갖가지 모양을 만들고 있지요.

저만치 내려다보이는 곳에는 눈부시게 반짝이는 아름다운 호수가 펼쳐져 있으며, 달콤한 꽃향기를 품은 바람이 부드럽게 얼굴을 스칩니다. 그곳에서 사랑하는 사람들과 함께 즐겁게 대화하며 거닙니다. 크고 탐스러운 과일이 풍성하게 열린 나무 그늘 아래 누워 쉬기도 하고 마음껏 과일을 먹을 수도 있습니다.

호수에는 형형색색의 물고기가 노니는데, 함께 수영할 수도 있지요. 드맑은 바닷가에서 빛을 받아 반짝이는 모래밭을 거닐기도 하고, 푸른 파도를 타고 즐길 수도 있습니다. 넓은 초원에는 여러 동물이 평화롭게 어울려 놀고 있으며, 귀엽고 예쁜 동물이 눈망울을 반짝이며 다가와 재롱을 떨기도 합니다. 이처럼 잔잔한 평안이 흐르고 아름다움이 가득한 동화 같은 세계가 에덴동산입니다.

### 에덴동산에서의 생활

에덴동산의 사람들은 땀 흘려 일하지 않아도 원하는 대로 먹을 수 있으며 염려, 근심, 걱정이 전혀 없습니다. 모든 것이 하나님의 능력과 질서 가운데 운행되기 때문에 수고하지 않아도 영원한 삶을 영위할 수 있습니다.

그곳에서는 대부분 옷을 입지 않고 벌거벗은 채로 생활합니다. 악이 전혀 없기 때문에 부끄러워한다거나 간음하는 마음이 없습니다. 마치 아무것도 모르는 어린아이들이 벌거벗은 채로 자유롭게 뛰노는 것과 같습니다. 옷을 입지 않아도 될 만큼 온도, 습도 등이 가장 알맞은 상태이며, 몸을 찌르는 가시나 해로운 벌레 같은 것도 없기 때문에 불편함이 없습니다.

가끔 옷을 입은 사람도 볼 수 있는데, 이들은 일정한 단위로 묶인 모임의 머리급입니다. 에덴동산에도 질서와 규율이 있어서 머리 되는 사람이 존재하는 것입니다. 이들이 일반 사람과 달리 옷을 입고 있는 것은 지위를 나타내는 수단일 뿐, 몸을 가리거나 치장하기 위해서가 아닙니다.

그런데 창세기 3장 8절에 '날이 서늘할 때에'라는 표현이 있는 것을 보면 에덴동산에도 서늘하다는 느낌이 있음을 알 수 있습니다. 그렇다고 해서 더위에 땀을 흘리거나 추위에 떨어야 하는 것은 아니며, 살기에 가장 알맞은 기후입니다.

또한 지구처럼 밤과 낮이 있는 것이 아니라 하나님의 빛으로 둘려 있어서 항상 낮과 같은 생활을 할 수 있습니다. 다만 기온의 변화에 의해 활동하는 시간과 휴식의 시간을 자연스럽게 알 수 있습니다.

이처럼 에덴동산은 이 땅과는 달리 시간의 흐름에 따라 날이 밝아지고 어두워지는 것이 아니라, 항상 낮과 같이 밝은 상태에서 기온의 적절한 조절에 따라 시간을 구분하는 것입니다.

## 3. 에덴동산에서 쫓겨나 이 땅에서 경작받는 사람들

에덴동산은 영원히 변하지 않는 영의 세계입니다. 에덴동산의 사람은 물론 모든 산천초목과 생물이 죽거나 썩지 않으며 언제까지나 아름답게 보존됩니다. 그런데 에덴동산이 아무리 아름답고 풍요로운 곳이라 해도 셋째 하늘의 천국과는 비교할 수 없습니다. 천국의 대기 장소인 낙원이라 해도 에덴동산보다 훨씬 아름답고 행복한 곳이기 때문입니다.

첫 사람 아담이 에덴동산에서 쫓겨나 이 땅에서 경작받는 과정과 섭리를 통하여 에덴동산과 천국의 대기 장소가 어떻게 다른지 살펴보겠습니다.

### 에덴동산에 선악과를 두신 하나님

창세기 2장 16, 17절을 보면 하나님께서는 아담에게 "동산 각종 나무의 실과는 네가 임의로 먹되 선악을 알게 하는 나무의 실과는 먹지 말라 네가 먹는 날에는 정녕 죽으리라" 말씀하셨습니다.

하나님께서는 아담에게 모든 만물을 다스리는 권세와 자유 의지를 주셨지요. 그러나 선악과만은 따먹지 말도록 엄히 경계하셨습니다. 에덴동산의 과일은 크기나 빛깔 등 종류가 매우 다양하며 맛 역시 이 땅의 과일과는 견줄 수 없습니다.

아담은 그 과일을 마음대로 먹을 수 있었으나 선악과만은 예외였습니다. 하나님께서는 아담에게 선악과를 먹었을 때의 결과를 분명히 알려 주고 "먹지 말라" 하셨습니다. 하지만 선악과를 "따먹느냐, 따먹지 않느냐"의 선택은 어디까지나 아담에게 맡겨 주셨지요. 따라서 아담이 하나님 말씀에 불순종하여 선악과를 따먹은 것은 자유 의지 가운데 스스로 택한 것입니다.

그렇다면 하나님께서 에덴동산에 선악과를 두신 이유는 무엇일까요? 우리가 기쁘다, 즐겁다, 행복하다는 느낌을 가질 수 있는 것은 이와 반대되는 슬픔, 고통, 불행을 체험해 보았기 때문입니다. 또한 선과 진리와 빛이 좋다는 것을 아는 것도 그와 반대되는 악과 비진리와 어둠이 나쁘다는 것을 겪어 보았기 때문입니다.

그런데 첫 사람 아담은 바로 상대성을 전혀 모르는 상태였습니다. 하나님이 주신 모든 것에 대한 소중함과 고마움을 알지 못했습니다. 상대성을 겪어 보지 않았다면 비록 들어서 지식으로 안다 해도 정녕 선이 얼마나 좋고 사랑과 행복이 얼마나 좋은지 마음 중심에서 느낄 수 없습니다.

예를 들어, 한 번도 아파 보지 않고 주변에서도 아픈 사람을 보지 못한 사람이 과연 질병의 아픔을 알 수 있을까요? 또 가난과 궁핍함을 한 번도 체험하지 못한 사람이 그 고통을 얼마나 알 수 있을까요?

질병과 가난을 경험한 적이 없다면 자신이 누리는 건강과 부유함에 대한 감사가 마음 중심에서 나올 수 없습니다. 많은 것을 가지고 누린다 해도 참 행복을 모르는 것입니다. 그러나 질병과 가난을 겪어본 사람이라면 건강과 부유함에서 오는 행복을 마음 중심에서 느끼고 감사할 수 있습니다. 이것이 바로 하나님께서 선악과를 두실 수밖에 없었던 이유입니다.

### 인간 경작에 담긴 하나님의 섭리

하나님 말씀에 불순종하여 에덴동산에서 쫓겨난 아담과 하와, 그리고 그들이 이 땅에서 낳은 후손은 눈물, 슬픔, 고통, 질병, 사망 등 갖가지 고난을 겪으며 이 땅에서 인간 경작을 받게 되었습니다. 하나님께서는 이를 통해 영원한 천국에서 함께할 참 자녀를, 사람 편에서는 참된 사랑과 행복이 무엇인지 깨우치고 천국에서 영원히 살 수 있는 복된 기회를 얻게 된 것입니다.

부모는 자녀를 훌륭한 사람으로 키우기 위해 겪어야 하는 수고와 인내의 시간을 헛되다 여기지 않습니다. 자녀도 미래에 주어질 영광을 믿는다면 어떤 어려움도 인내하며 승리합니다.

마찬가지로 영원한 천국에서 누릴 참된 행복을 생각한다면 이 땅에서 받는 경작 과정이 결코 힘들거나 어려운 것이 아닙니다. 오히려 장차 다가올 영광을 바라보기에 하나님 말씀대로 살고자 힘쓰는 것이 기쁜 일입니다.

이 땅에서 온갖 희로애락을 겪은 후에 하나님의 사랑을 느끼며 감사할 줄 아는 사람과, 에덴동산의 아름답고 풍요로운 환경 속에 살면서도 하나님의 사랑을 온전히 모르고 감사할 줄 모르는 사람 중에서 누가 더 하나님 보시기에 사랑스럽겠습니까?

하나님께서 원하시는 참 자녀는 중심에서 하나님께 사랑과 감사를 드릴 수 있는 영혼입니다. 하나님께서는 선악과를 따먹고 에덴동산에서 쫓겨난 아담과 그의 후손을 참 자녀로 만들기 위해 이 땅에서 경작하고 계십니다. 이제 경작 기간이 끝나고 천국에 처소를 예비하면 주님께서 다시 오십니다. 구원받은 영혼들은 에덴동산과 비교할 수 없이 아름다운 천국에서 영생 복락을 누립니다.

### 4. 구원받은 영혼들의 천국 대기 장소

불순종한 아담의 후손은 한 번 태어나면 죽는 것이 정한 이치입니다. 그들이 죽은 후에는 반드시 심판이 있습니다(히 9:27). 그런데 사람의 영혼은 영원불멸의 존재이므로 천국, 혹은 지옥 둘 중에 한 곳으로 갈 수밖에 없습니다. 하지만 죽음과 함께 곧바로 천국이나 지옥으로 들어가는 것이 아니라 우선 천국이나 지옥의 대기 장소에 머뭅니다. 그러면 구원받은 하나님의 자녀들이 머무는 천국의 대기 장소는 어떠한 곳일까요?

**사람의 수명이 다하여 영혼이 육체에서 분리되면**

사람의 수명이 다하면 영혼이 육체에서 분리되어 나옵니다. 이런 사실을 모르는 사람은 영혼이 빠져 나온 후에 자신과 똑같은 모습의 사람이 누워 있는 것을 보고 깜짝 놀라지요. 설령 말씀을 들어서 이 사실을 안다 해도 막상 몸을 빠져 나온 영혼은 새로운 차원의 세계에 적응하기까지 얼마나 낯설겠습니까?

하나님께서는 구원받은 영혼이 당황하지 않고 천국까지 올 수 있도록 두 천사를 미리 보내 대기하게 하십니다. 사람들이 임종 시 천사가 보인다고 간증하는 경우가 바로 이런 이유에서입니다.

요한복음 20장 12절에 "흰 옷 입은 두 천사가 예수의 시체 뉘었던 곳에 하나는 머리 편에, 하나는 발 편에 앉았더라" 했고, 누가복음 16장 22절에도 "천사들에게 받들려 아브라함의 품에 들어가고" 했으니 대기하는 천사가 한 명이 아님을 알 수 있습니다.

두 천사는 구원받은 성도의 영혼이 몸에서 빠져 나오면 호위하여 천국까지 인도합니다. 이때 그 영혼이 곧바로 천국에 들어가는 것은 아닙니다. 천사의 인도를 받아 일단 윗음부로 가서 3일 동안 영의 세계에 적응하는 기간을 거친 후 '천국의 대기 장소'로 갑니다. 육의 몸을 떠난 영혼은 무게감이 거의 들지 않아 붕붕 날 것처럼 가볍습니다. 영의 세계의 모든 것이 새롭기 때문에 그 환경에 적응하고 기본적인 것들을 배울 기간이 필요합니다.

### 천국의 대기 장소에 이르러

천국의 대기 장소는 주님께서 부활 승천하시기 이전과 이후가 다릅니다. 주님께서 부활 승천하시기 이전에는 '음부'라는 곳의 일부가 천국의 대기 장소였습니다. 야곱이 "내가 슬퍼하며 음부에 내려 아들에게로 가리라"(창 37:35) 했고, 욥은 "구름이 사라져 없어짐같이 음부로 내려가는 자는 다시 올라오지 못할 것이오니"(욥 7:9)라고 고백한 것에서 알 수 있습니다.

그런데 민수기 16장 33절에 보면 모세를 대적한 고라와 그의 무리도 하나님의 진노를 사서 음부에 빠졌다고 했습니다. 이들은 구원받지 못한 사람들인데 음부에 갔다고 했으니, 음부에는 구원받은 영혼뿐 아니라 구원받지 못한 영혼의 대기 장소도 있음을 알 수 있습니다.

누가복음 16장에 나오는 한 부자와 거지 나사로의 경우를 보면 더 이해하기 쉽습니다. 부자는 음부의 불꽃 가운데서 고통을 받는 반면, 나사로는 아브라함의 품에 안겼고 이 둘 사이에는 큰 구렁이 끼어 있어 왕래할 수 없다고 했습니다.

이는 사람이 죽으면 영혼이 '음부'에 가는데, 그곳은 구원받은 영혼이 머무는 장소와 구원받지 못한 영혼이 머무는 장소로 구분되어 있음을 알려 줍니다. 구원받은 영혼이 가는 곳은 음부 중에서도 천국에 속한 '윗음부'이며, 구원받지 못한 영혼이 가는 곳은 지옥에 속한 '아랫음부'이지요. 윗음부는 구원받은 영혼의 대기 장소이니 천국에 속했다고 볼 수 있지만 천국에 있는 것은 아닙니다.

그런데 주님께서 부활 승천하신 후에는 대기 장소가 달라졌습니다. 요한복음 14장 2절에 예수님께서 "내가 너희를 위하여 처소를 예비하러 가노니" 하신 대로 천국에 각 사람의 처소가 지어지기 시작한 후부터 구원받은 영혼은 윗음부가 아닌 천국에 있는 대기 장소에 머물게 된 것입니다. 윗음부에 있던 구약 시대의 영혼들도 그곳으로 옮겨졌지요.

천국의 대기 장소는 낙원의 가장자리에 있습니다. 낙원은 천국의 처소 가운데 부끄러운 구원을 받은 사람들이 가는 곳이며, 하나님 보좌로부터 가장 멀리 떨어져 있습니다.

신약 시대에 구원받은 사람은 영혼이 몸을 떠나면 일단 윗음부로 가서 3일 동안 영의 세계에 적응 기간을 거친 후 낙원의 가장자리로 갑니다. 그곳에 있는 대기 장소에 머물다가 장차 있을 백보좌 대심판 이후 각자의 천국집에 들어갑니다. 인간 경작이 끝나고 주님께서 공중 강림하신 후 천년왕국이 지난 다음에야 하나님께서 백보좌 대심판을 거쳐 각 사람이 행한 대로 처소와 상급을 주시는 것입니다.

### 대기 장소에서의 생활

 이 땅에서도 매우 아름다운 곳을 보면 "지상낙원이다." 또는 "에덴동산 같다."고 말합니다. 하지만 에덴동산은 이 땅과 비교할 수 없을 만큼 아름답고 황홀한 곳입니다. 그러나 이 땅에 사는 사람이 보기에 좋은 곳이지 장차 천국에 가면 에덴동산을 그리 아름답고 좋은 곳으로 여기지 않습니다.

 우리가 사는 지구와 에덴동산의 아름다움이 비교가 안 되듯이 에덴동산도 천국과는 비교가 안 됩니다. 비록 낙원의 가장자리라 해도 그곳에서 느끼는 행복은 둘째 하늘에 속한 에덴동산에서 느끼는 것과는 차원이 다릅니다. 에덴동산의 사람들은 이 땅에서 경작된 하나님의 참된 자녀가 아니기 때문에 당연히 다를 수밖에 없습니다.

 천국의 대기 장소에서는 선지자들로부터 하나님과 천국, 영계의 법칙 등 무한한 영의 지식을 배웁니다. 예를 들어, 하나님 말씀은 잘 모르지만 그저 순수한 마음으로 하나님을 믿어 구원받은 영혼들은 그곳에서 구원의 섭리나 믿음의 분량 등을 배우지요. 또한 백보좌 대심판 이후에 들어가게 될 천국의 삶을 위해 기본적으로 갖춰야 할 자질을 습득합니다.

 영의 지식은 배울수록 신기하고 충만하여 은혜가 넘칩니다. 예를 들어, 믿음의 조상 아브라함에게서 독자 이삭을 드릴 때의 심정이 어떠했으며 어떻게 그처럼 온전한 믿음의 행함을 보일 수 있었는지에 대해 듣습니다. 엘리야, 다니엘, 사도 바울 등의 간증도 직접 들을 수 있습니다. 또한 육의 세계에서는 경험할 수 없는 신기한 일들을 끝없이 배웁니다.

이처럼 구원받은 영혼들은 천국의 대기 장소에서 영의 지식을 배우면서 한편으로는 "자신이 섬기던 교회는 현재 어떠한가?" 하며 이 땅의 일을 궁금해하기도 합니다. 하나님께서는 그 마음을 아시고 천사들이나 선지자들을 통해서 이 땅의 기쁜 소식을 전해 주시는데, 그 소식을 듣는 것이 또 하나의 큰 즐거움입니다.

### 영적 질서가 정확하게 지켜지는 대기 장소

천국의 대기 장소는 공의의 하나님께서 다스리는 곳이기 때문에 정확하게 질서가 지켜집니다. 믿음이 작은 사람은 믿음이 큰 사람에게 머리를 숙여 존경을 표합니다.

영적 질서는 이 땅에서 어떤 직분을 가졌느냐가 아니라 얼마나 성결하고 충성했느냐에 따라 달라집니다. 빛의 밝기와 선의 깊이, 사랑의 크기 등으로 서열이 정해지기 때문에 누구도 불평할 수 없습니다.

천국에서는 악한 마음 자체가 없으니 오직 영적 질서에 따라 순종합니다. 비록 같은 공간에 있다 해도 자신보다 앞선 사람과의 영적 차이를 자연히 느끼고 알기 때문에 마음 중심에서 존경과 사랑이 가는 것입니다. 이미 신앙의 경주를 마치고 천국의 대기 장소에 들어가 있는 영혼들은 1등부터 마지막 순위까지 정해져 있습니다. 하지만 우리에게는 더 나은 신앙 기록을 세울 시간이 남아 있으니 더욱 성결과 충성에 마음을 다하시기 바랍니다.

## 5. 천국의 대기 장소를 거치지 않는 하나님의 사람들

구원받은 영혼들은 주님의 공중 강림 전까지 대기 장소에 머무는데, 예외의 경우가 있습니다. 구약 시대의 에녹이나 엘리야처럼 죽음을 보지 않고 산 채로 들려 오른 분들은 윗음부를 거치지 않고 새 예루살렘으로 곧장 갑니다. 그리고 온 영을 이루었지만 육의 죽음을 체험한 분들은 윗음부에서 대기하다가 주님께서 부활 승천하실 때 새 예루살렘으로 들어갔지요.

그중 아브라함은 예수님께서 십자가에서 죽으시고 부활하시기 전까지 윗음부를 관리하고 있었습니다. 하지만 예수님께서 부활하신 뒤에는 천국의 대기 장소가 낙원으로 옮겨졌기 때문에 윗음부에서의 사명을 마치고 새 예루살렘에 들어갔으며 필요에 따라 윗음부를 다녀오기도 합니다.

그리고 신약 시대에 온 영을 이룬 분들은 윗음부에서 3일간 대기하다가 낙원의 가장자리로 가지 않고 새 예루살렘으로 곧바로 갑니다. 이처럼 하나님의 마음을 닮은 사람은 천국에서도 하나님의 특별한 사랑과 배려 속에서 살아가는 것입니다.

**새 예루살렘 성에 따로 있으며 하나님 일을 도와**

엘리야, 에녹, 아브라함, 모세, 다윗, 사무엘, 사도 바울, 사도 베드로, 사도 요한 등은 온전히 성결하여 하나님의 마음을 닮았기 때문에 하나님의 보좌가 있는 새 예루살렘 성에 이미 들어가 있습니다.

그러나 아직은 백보좌 대심판이 이루어지지 않아서 저마다 주어질 천국집에 들어가지 않고 별도로 마련된 공간에 머물고 있습니다. 그들은 과연 새 예루살렘 성의 어디에 머물고 있을까요?

새 예루살렘 성 안에는 차원이 다른 몇 개의 영적 공간이 있습니다. 하나님 보좌가 있는 곳이 있으며, 천국집이 지어지는 곳도 있고 미리 새 예루살렘 성에 들어간 믿음의 선진들이 살면서 주님과 함께 일하는 곳도 있습니다.

이러한 믿음의 선진들은 각각의 사명에 따라, 하나님 보좌 곁에 머물면서 하나님을 모시거나 낙원의 가장자리에 가서 구원받은 영혼들에게 영의 지식을 가르치기도 합니다. 낙원뿐만 아니라 하나님이 허락하시면 이 땅에도 다녀갈 수 있습니다. 예를 들어, 예수님께서 변화산에 오르셨을 때 엘리야, 모세 선지자가 내려왔지요(막 9:4).

이처럼 미리 새 예루살렘 성에 들어간 믿음의 선진들은 처소를 예비하러 가신 주님(요 14:2)과 함께 하나님 일을 도우며 영원한 천국 집에 들어갈 때를 사모하고 있습니다. 천국의 처소가 완성되면 주님과 함께 공중에 강림하고 공중에서 7년 혼인 잔치를 합니다. 그 다음 지상에 재림하여 천년왕국이 지나야 들어갈 수 있으니 얼마나 기다려지겠습니까.

천국의 소망이 넘쳐나 이방인 선교에 앞장선 사도 바울은 로마서 8장 18절에서 다음과 같이 고백하였습니다.

"생각건대 현재의 고난은
장차 우리에게 나타날 영광과 족히 비교할 수 없도다"

그는 아무리 큰 고난을 당할지라도 그것과 비교할 수 없는 하늘의 영광이 예비된 것을 확신했기에 기쁨으로 승리할 수 있었습니다. 사도 바울처럼 하늘의 영광을 바라보는 사람들은 천국의 처소와 상급에 대한 확실한 소망이 있습니다. 그러기에 이 땅의 부귀영화에 미련을 두지 않습니다. 어떠한 상황에서도 기뻐하고 감사하며 오직 천국을 향해 달려갑니다.

에덴동산이나 천국 대기 장소에서의 삶도 이 땅의 삶과는 비교할 수 없을 정도로 아름답고 행복하지만 하나님 보좌가 있는 새 예루살렘 성의 영광과 영화에는 비할 수 없습니다. 사도 바울과 같은 믿음과 소망으로 새 예루살렘 성을 사모하며 더욱 영으로, 온 영으로 정진하시기를 바랍니다.

chapter 3

# 7년 혼인 잔치와 천년왕국 이후에 주어지는 천국

주님의 공중 강림과 7년 혼인 잔치
주님의 지상 재림과 천년왕국 생활
백보좌 대심판 이후에 주어지는 천국

·
·
·

이 첫째 부활에 참예하는 자들은
복이 있고 거룩하도다
둘째 사망이 그들을 다스리는
권세가 없고 도리어 그들이
하나님과 그리스도의 제사장이 되어
천 년 동안 그리스도로
더불어 왕 노릇 하리라

계 20:6

우리가 천국의 영원한 처소에 들어가 상급을 받으며 영생 복락을 누리기 위해서는 백보좌 대심판을 거쳐야 합니다. 그런데 이보다 앞서 주님의 공중 강림과 7년 혼인 잔치, 그리고 주님의 지상 재림과 천년왕국을 맞이합니다.

이는 이 땅에서 믿음을 지킨 자녀들을 하나님께서 친히 위로하며 신랑 되신 주님과 함께 세세토록 왕 노릇 하는 천국 생활을 조금이나마 체험할 수 있도록 예비하신 것입니다. 주님의 재림을 분명히 믿고 주님을 사모하는 신앙을 지닌 성도들은 혼인 잔치와 천년왕국을 무척 기대하게 되지요.

## 1. 주님의 공중 강림과 7년 혼인 잔치

우리가 신앙생활을 하는 궁극적인 목적은 구원받아 영원한 천국에 이르는 것입니다. 주일이 되면 교회에 나와 예배드리고 충성 봉사하며, 말씀대로 살기 위해 노력하고 기도하는 것은 이러한 소망이 있기 때문입니다. 더구나 주님께서 우리를 데리러 다시 오고, 아름다운 천국을 예비하심을 분명히 믿기 때문에 기쁨으로 신앙생활을 할 수 있지요.

### 주님의 공중 강림과 휴거

이제 때가 되면 만왕의 왕, 만주의 주가 되시는 주님께서 지극히 웅장하며 영광스러운 모습으로 공중에 강림하십니다.

"주께서 호령과 천사장의 소리와
하나님의 나팔로 친히 하늘로 좇아 강림하시리니
그리스도 안에서 죽은 자들이 먼저 일어나고
그 후에 우리 살아남은 자도 저희와 함께
구름 속으로 끌어올려 공중에서 주를 영접하게 하시리니
그리하여 우리가 항상 주와 함께 있으리라"(살전 4:16, 17)

그때에 구원받은 하나님의 자녀들은 공중에서 주님을 영접합니다. 먼저는 주 안에서 자는 사람, 곧 구원받은 사람 중에 이미 죽어 영혼이 낙원에서 대기하고 있던 이들이 부활체를 입습니다.

그 뒤를 이어 살아서 주님을 맞는 사람들이 홀연히 신령한 몸으로 변화되어 마치 쇳가루가 자석에 이끌리듯이 주님이 계신 공중으로 들려 오르는데 이것을 '휴거'라고 말합니다.

### 공중 혼인 잔치를 베푸시는 하나님

요한계시록 19장 9절에 "천사가 내게 말하기를 기록하라 어린 양의 혼인 잔치에 청함을 입은 자들이 복이 있도다" 말씀합니다.

여기서 '어린 양의 혼인 잔치'란 주님께서 공중에 강림하실 때에 구원받은 영혼들이 신부의 자격으로 7년 동안 신랑 되신 주님과 함께하는 잔치를 가리킵니다.

주님께서 공중에 강림하시면 구원받은 모든 영혼이 신부로서 신랑 되신 주님을 맞이합니다. 이때 구원받은 자녀들을 위로하기 위하여 하나님께서는 7년 동안 공중에서 혼인 잔치를 베푸십니다.

장차 백보좌 대심판을 통하여 우리가 이 땅에서 행한 대로 천국의 처소와 상급으로 갚아 주지만 그 이전에 혼인 잔치를 베풀어 기쁨을 나누며 행복한 시간을 갖게 하시는 것입니다. 비록 저마다 하나님의 나라와 의를 위해 수고하고 애쓴 것이 다를지라도 하나님께서는 구원의 테두리 안에 들어온 사실 하나만으로도 잔치를 베풀어 위로하시는 것이지요.

### 혼인 잔치가 열리는 곳

혼인 잔치는 하나님께서 만세 전에 이미 계획해 놓았으며, 장소도 오래전부터 예비하셨습니다. 그 장소는 구체적으로 어디일까요? 바로 빛의 영역과 어둠의 영역이 공존하는 둘째 하늘 '에덴' 한 편에 있는 특별한 공간입니다. 여기서 알아야 할 것은 아담이 살았던 곳은 에덴 안에 있는 '에덴동산'이고 에덴은 에덴동산을 포함하는 훨씬 넓은 공간이라는 점입니다.

우리가 혼인 잔치를 즐기는 모습을 에덴동산의 사람이 볼 수 있고, 우리 역시 그곳 사람들을 볼 수 있지만 서로 왕래할 수는 없습니다.

　또한 악한 영들도 혼인 잔치를 볼 수 있고 우리도 그들을 볼 수 있지만, 악한 영은 감히 접근조차 못하지요. 이때 악한 영들은 우리가 행복해하는 모습을 보며 너무나 괴로워합니다. 한 사람이라도 더 지옥으로 끌어가야 하는데 하나님의 자녀로 내준 것이 참을 수 없는 고통이기 때문입니다.

　반대로 우리는 악한 영들의 모습을 보면서 이 땅에서 경작되는 동안 어둠의 세력에게서 지켜 주시고 구원받은 하나님의 자녀가 될 수 있도록 인도한 하나님과 주님, 그리고 성령님의 은혜에 더욱 감사하게 됩니다. 단지 이 땅에서 경작되며 수고한 일을 위로받으며 즐기는 것만이 아니라 경작의 시간을 회고함으로써 하나님께 대한 감사가 더하는 것이지요.

　7년 혼인 잔치가 열리는 이곳은 에덴동산보다 훨씬 아름답습니다. 이곳에 도착하면 이 땅에서 한 번도 보지 못한 밝은 빛의 공간이 펼쳐집니다. 처음에는 빛이 너무 밝아서 온통 빛으로만 보이던 주변의 모습이 하나 둘씩 눈에 들어옵니다.

　눈부시리만큼 맑고 깨끗한 하늘과 물결이 찰랑일 때마다 밝게 빛나는 호수가 눈앞에 펼쳐 있습니다. 사방에는 예쁘고 신비로운 꽃이 만발해 있고, 멀리 푸른 숲이 병풍처럼 둘러 있지요. 오색찬란한 빛이 반짝이며 이루 말할 수 없을 만큼 깨끗하고 아름다운 자연이 끝도 없이 펼쳐 있습니다.

　꽃들은 마치 손을 흔드는 듯 하늘거리고 그때마다 이 땅에서는 맡아 보지 못한 진하고 아름다우며 달콤한 향기가 코끝을 간지럽게 합니다. 어디서 왔는지 온갖 아름다운 빛깔의 새들이 청아한 소리로 노래하며 반기지요. 속이 환하게 들여다보이는 호수에서 기이하리만큼 아름답고 화려한 물고기들이 연신 물 밖으로 머리를 내밀며 반깁니다. 밟고 서 있는 잔디 하나도 솜털처럼 폭신하며 하얀 옷자락을 나부끼게 하는 바람도 포근하고 부드럽습니다.

　이처럼 아름다운 빛의 공간이 끝이 보이지 않을 만큼 드넓게 펼쳐져 있습니다. 그 안에는 혼인 잔치에 참여한 모든 사람이 다 들어갈 만큼 거대한 성이 있는데 바로 이 성 안에서 혼인 잔치가 열리며 우리가 상상할 수 없을 만큼 행복한 순간이 펼쳐집니다.

### 성결, 충성, 믿음의 분량에 따라 차이 나는 감동과 행복

　혼인 잔치가 시작되는 첫날에는 주님께서 우리 모두를 부르러 오시고 구원받은 모든 영혼은 홀연히 변화된 몸, 곧 부활체를 입습니다. 그때 자신의 변화된 몸을 보면서 얼마나 성결하고, 이 땅에서 맺은 열매가 얼마나 되는지, 백보좌 대심판 때 얼마나 많은 상급과 영광을 얻을지 대략 알게 됩니다. 각 사람의 성결과 충성, 믿음의 분량에 따라 부활체에서 나오는 빛의 밝기가 차이 나고 스스로도 마음에서 느끼기 때문에 그에 따라 신랑 되신 주님을 대하는 마음과 방식도 달라집니다. 그리고 혼인 잔치 장소나 거닐 수 있는 공간의 범위도 약간씩 다릅니다.

마치 왕궁과 귀족의 거처, 백성이 사는 곳이 구분되어 있는 것처럼 '에덴'이라는 같은 공간이라 할지라도 주님이 계시는 곳과 그 외의 다른 공간에는 엄연히 경계가 있습니다. 그래서 몇몇 믿음의 선진들과 하나님께 인정받은 영혼들은 주님 가까이에서 대화하며 함께할 수 있으나 그렇지 못한 영혼들은 주님이 계신 공간 안에 자유롭게 들어가지 못합니다.

히브리서 12장 14절에 "모든 사람으로 더불어 화평함과 거룩함을 좇으라 이것이 없이는 아무도 주를 보지 못하리라" 말씀하신 대로 성결하고 온전히 충성하여 최고의 믿음에 이른 사람, 곧 온 영의 사람들만이 담대하게 주님의 품에 안길 수 있고 주님 가까이에 함께할 수 있는 것이지요.

악은 모양이라도 버리고 성결하지만 온 영의 단계까지는 이르지 못한 사람은 주님을 뵐 수 있지만 담대하게 뵙지는 못합니다. 주님에게서 나오는 빛이 너무 밝기 때문이기도 하지만, 더 온전히 충성하지 못한 것을 스스로 민망히 여기기 때문입니다.

이처럼 혼인 잔치 동안에 각자가 느끼는 행복과 감동도 성결과 충성, 믿음의 분량에 따라 차이가 납니다.

### 온 영을 이룬 사람들의 혼인 잔치

그러면 온 영을 이뤄 주님의 신부된 자격을 온전히 갖춘 영혼들의 혼인 잔치 모습은 어떨까요?

이들이 에덴의 공간으로 들려 올라가면 어느 순간, 눈에 무척 강렬한 빛이 들어옵니다. 그 빛 가운데 한 분이 서 계시는데, 얼굴에 부드러운 미소를 띠고 두 팔을 벌리며 "어서 오라" 손짓합니다. 가까이 다가서면 희미하던 그분의 얼굴이 또렷하게 눈에 들어오지요.

처음으로 대하는 얼굴이지만 그분이 누구신지 잘 알고 있습니다. 그토록 그리워하고 사모하며 보고 싶어 하던 신랑 되신 주님이십니다. 그 순간 이 땅에서 경작되던 모습이 주마등처럼 스치면서 뜨거운 눈물이 흐릅니다. 아무리 힘들고 어려운 상황에서도, 많은 핍박과 시험이 왔을 때라도 사랑하는 주님을 생각하며 승리한 시절이 떠오르는 것입니다.

그때 주님께서 넓은 품에 안으며 "나의 신부여 내가 오늘을 기다렸노라. 내가 너를 사랑하노라." 하고 사랑을 표현해 주십니다. 이 말씀에 더욱 뜨거운 눈물이 흐릅니다. 주님께서는 사랑스럽게 눈물을 닦아 주며 더욱 꼬옥 안으십니다.

주님과 눈을 마주 대하면 그분의 마음이 느껴집니다.

"내가 다 아노라. 너의 눈물과 수고를 다 아노라.
이제 이후로는 오직 행복과 기쁨만 있을 것이라."

사랑하는 주님, 그 품에 안겨 있노라면 이제껏 느껴 보지 못한 평안이 밀려오면서 희열과 충만함이 온몸을 감쌉니다. 그때 어디선가 영혼 깊숙이 젖어드는 아름다운 찬양이 들려오지요. 그러면 주님께서는 살며시 손을 붙잡고 소리가 나는 곳으로 이끄십니다.

**오색 빛이 찬란한 홀에서 혼인 잔치가 시작되면**
잠시 후 눈앞에는 찬란하게 빛나는 화려한 성 하나가 나타나는데 너무나 아름답고 웅장합니다. 성의 입구에 다다르면 부드럽게 성문이 열리면서 밝은 빛이 쏟아져 나옵니다. 성문 안쪽에는 천사들이 도열해 서서 성으로 들어오는 주님의 신부들을 환영하며 맞아 줍니다.

빛에 이끌리듯 성 안으로 들어가면 끝이 보이지 않을 만큼 넓은 홀이 있습니다. 홀은 온갖 아름다운 장식품으로 꾸며져 있고 오색 찬란한 빛이 가득하며, 조금 전보다 더 분명하고 청아한 찬양이 끊임없이 울려 퍼집니다. 이 홀에 온 영을 이룬 주님의 신부들이 다 도착하면 신랑 되신 주님께서 부드러우면서도 힘찬 목소리로 혼인 잔치의 시작을 선포합니다.

이때 온 영을 이루지 못한 성도들은 이 장면을 홀 밖에서 화면으로 봅니다. 그러면 마침내 꿈만 같은 7년 혼인 잔치가 본격적으로 시작되는 것입니다.

천사들이 잔치를 위해 시설과 장식, 음식의 공급 등 일체를 준비하고 담당합니다. 음식은 입에 넣으면 눈 녹듯이 사르르 녹아드는 각종 과일 등입니다. 또한 하나님의 보좌로부터 흘러나오는 생명수를 마십니다.

천사들은 아름다운 찬양에 맞춰 멋진 무용을 보여 주며 모두를 즐겁게 해 줍니다. 우리도 주님과 함께 대화하거나 찬양하고 춤추며 하나님의 이름을 송축합니다.

이 땅에서 함께하고 싶어도 여건상 함께하지 못한 이들과도 마음껏 사랑의 대화를 할 수 있습니다. 가족이나 지인, 혹은 선지자들과 사도들을 만나 대화하면서 더욱 충만함을 느낍니다.

혼인 잔치 동안 성 밖에서도 행복한 시간을 가질 수 있습니다. 성 밖에서는 숲과 나무와 꽃과 새들을 벗 삼아 마음껏 자연을 즐기지요. 사랑하는 사람과 담소를 나누며 아름다운 꽃으로 단장된 길을 걷기도 하고 함께 찬양하기도 합니다.

주님과 호수에서 배를 탈 수도 있고, 사랑하는 이들과 수영이나 갖가지 게임과 오락을 즐깁니다. 이 외에도 상상을 넘어서는 기쁨과 즐거움을 맛볼 수 있는 많은 것이 마련되어 있습니다.

그래서 시간의 흐름을 느끼지 못한 채 7년이 마치 7일 또는 7시간처럼 순간에 지나갑니다. 설령 휴거되지 못하고 이 땅에 남아 환난으로 고통받고 있는 가족이 있다 해도 혼인 잔치 동안에는 생각조차 나지 않을 만큼 기쁘고 즐겁게 지나가는 것입니다.

**혼인 잔치에 들어가려면**

공중에서 7년 혼인 잔치가 진행되는 동안 지상에서는 지옥 같은 상황이 펼쳐집니다. 바로 적그리스도의 지휘 하에 예수 그리스도를 믿는 사람들을 색출하는 작업이 이뤄지고 주를 부인하도록 끔찍한 고문을 하는 등 상상하기도 어려운 잔인한 일들이 자행되는 것입니다.

이 땅에 남겨져 믿음을 지키려는 사람들은 견딜 수 없는 불안과 공포 속에 하루하루를 살아가야 합니다. 이를 '7년 대환난'이라고 하지요(『지옥』 책자 참조). 그렇다면 이 땅에 남지 않고 혼인 잔치에 들어가려면 어떻게 해야 할까요?

늘 깨어 있어 기름 준비를 잘해야 합니다. 마태복음 25장을 보면, 열 처녀가 동일하게 신랑이 오기를 기다렸지만, 그중 미련한 다섯 처녀는 기름을 준비하지 않았기 때문에 혼인 잔치에 들어가지 못했음을 알 수 있습니다.

기름은 영적으로 기도를 뜻하는데, 기름이 없으면 불을 밝힐 수 없듯이 예수 그리스도를 영접한 사람이라 해도 기도하지 않으면 신랑을 맞이할 신부 단장을 잘할 수 없습니다. 기름이 떨어지면 빛이 사라지고 이내 어둠이 찾아오듯이 기도하지 않으면 성령의 충만함이 사라지므로 세상과 타협하게 되고 죄악 가운데 살다가 결국은 구원에 이를 수 없습니다.

따라서 항상 깨어 기도하여 죄를 버리고 성령의 충만함을 입어야 주님을 맞이할 수 있는 자격을 갖추는 것입니다.

다음으로, 혼인 잔치에 들어가려면 부지런히 마음에 할례하여 예복을 준비해 놓아야 합니다. 마태복음 22장에서 예수님께서는 우리가 예복을 준비하지 않으면 결코 혼인 잔치에 함께할 수 없음을 비유로 말씀하셨습니다. 여기서 '예복'이란 구원받은 성도가 입는 빛나고 깨끗한 세마포로서, 요한계시록 19장 8절에 "이 세마포는 성도들의 옳은 행실이로다" 말씀하신 대로 빛 가운데 행하는 것을 의미합니다. 빛 가운데 행하는 것은, 곧 하나님 말씀대로 살아 죄를 버리고 성결한 것을 말합니다.

하나님을 믿는다면서도 빛 가운데 행치 않고 어둠 가운데 행한다면 하나님을 믿는다고 말하는 자체가 거짓말입니다. 우리가 빛 가운데 행할 때에 예수의 피가 우리를 모든 죄에서 깨끗하게 하심으로 구원받을 수 있습니다(요일 1:6, 7).

## 2. 주님의 지상 재림과 천년왕국 생활

공중에서 7년 혼인 잔치가 끝나면 이 땅에서 천년왕국이 이루어집니다. 혼인 잔치를 마친 주님의 신부들은 주님과 함께 이 땅에 와서 천 년 동안 왕 노릇 합니다(계 20:4). 주님께서 지상에 재림하면 7년 대환난으로 황폐해진 지구를 깨끗하게 정돈하는데, 먼저 오염된 공기를 정화하며 산천초목을 새롭게 하고 아름다운 환경으로 조성하십니다.

### 주님과 함께 아름답게 단장한 지구 곳곳을 다니며

천년왕국이 시작되면 마치 신랑 신부가 신혼여행을 하는 것처럼, 우리는 신랑 되신 주님과 함께 새로워진 지구 곳곳으로 여행을 다닙니다. 하나님께서 지구와 해, 달 등 첫째 하늘에 있는 모든 것을 이 기간이 끝나면 다른 곳으로 옮기시기 때문이지요.

그래서 7년 혼인 잔치가 끝나면 이 지구를 아름답게 꾸며 우리가 천 년 동안 왕 노릇 하면서 살 수 있도록 배려하신 것입니다.

이는 6일 동안 천지만물을 지으시고 7일째에 안식한 하나님 섭리 가운데 이미 처음부터 정해진 것입니다. 아울러 이 땅에서 천 년 동안 왕 노릇 하면서, 우리가 경작되던 지구에 대한 아쉬움이 남지 않도록 하신 것입니다.

천 년이라는 세월 동안 하나님께서 아름답게 회복해 놓으신 이 땅에서 주님과 함께 마음껏 즐기며 행복한 시간을 갖습니다. 이때에는 하나님께서 원수 마귀 사단을 무저갱에 가두어 두시기 때문에 마치 에덴동산처럼 평안한 환경 속에서 안식을 누립니다.

구원받아 신령한 부활체를 입은 하나님 자녀들은 영의 사람이므로 7년 대환난 때 살아남은 육의 사람들과 함께 사는 것이 아니라 왕들의 성과 같이 구별된 곳에서 삽니다. 이들은 이미 신령한 몸으로 변화되어 영생하는 존재이기 때문에 주로 과일을 먹거나 아름다운 꽃 향기 등을 흠향하며 사는데 혹 육의 사람들과 함께할 때에는 그들의 음식을 먹을 수도 있습니다.

간혹 우리나라에서 '6.25 전쟁 음식 체험'이라는 행사를 열어 1950년대에 먹던 음식을 재현하여 시민들이 시식하도록 하는데, 보리개떡, 쑥개떡, 꽁보리 주먹밥 등입니다. 당시에는 이런 음식도 귀하여 맛있게 먹었지만, 오늘날에는 그때처럼 맛있게 느껴지지 않습니다.

마찬가지로 천년왕국 동안에 영의 사람은 육의 음식을 맛없게 느낍니다. 그래서 영의 사람들은 평소에는 육의 음식을 먹지 않지만 육의 사람들의 초청을 받을 경우, 그들을 위해 즐겁게 먹어 줍니다. 하지만 육의 사람처럼 배설하는 것이 아니라 호흡과 함께 분해하여 몸 밖으로 배출합니다.

그러면 이때에 육의 사람들은 어떤 음식을 먹을까요? 그들은 씨앗을 뿌려서 거두어 먹기도 하고 하나님께서 마련해 주신 자연의 과일을 따먹기도 합니다. 살생하는 일이 없기 때문에 노아의 홍수 이전과 같이 고기는 먹지 않습니다.

7년 대환난 동안 살아남은 육의 사람이 많지 않기 때문에 그들은 인구 생산에 주력합니다. 공기가 깨끗하고 원수 마귀가 없기 때문에 질병이나 죄악이 없습니다. 당연히 사람의 본성에 잠재된 불의와 악도 나타나지 않습니다. 또한 사망이 없으니 천 년 동안에 지구는 다시 수많은 사람으로 채워집니다.

7년 대환난 때 전쟁으로 모든 문명 시설이 파괴되어 버렸기 때문에 육의 사람들은 원시생활로 돌아가 경작하며, 결혼하여 자녀를 낳아 번성해 나갑니다. 원시적인 수준에서 새로 출발하기 때문에 일상생활에 필요한 기본적인 것들을 손으로 만들어 씁니다. 천 년 동안 아무리 지혜를 모은다 해도 오늘날과 같은 문명 수준에 이르지는 못합니다. 따라서 자동차, 컴퓨터, 고층 건물 등은 찾아볼 수 없고 교통수단으로는 주로 말을 이용합니다.

그런데 천 년의 시간이 차면 하나님께서는 그동안 무저갱에 가두어 둔 원수 마귀 사단을 잠깐 풀어 주십니다(계 20:1~3). 악한 영들은 다시 세상으로 나와 육의 사람들을 미혹합니다(계 20:7).

영의 사람들은 천 년 동안 육의 사람들에게 미혹당하지 않도록 열심히 권면하고 당부하며 교육도 시키지만 막상 악한 영들이 풀려나 미혹하면 대부분이 넘어가 멸망의 길로 갑니다. 그들은 하나님을 대적하며, 영의 사람들이 사는 성을 공격하려 합니다. 이때 하나님께서는 미혹받은 육의 사람들을 불로 소멸하고 악한 영들도 무저갱에 영원히 가두십니다(계 20:9).

한편 영의 사람들은 순간에 미혹받아 하나님을 대적하는 육의 사람들을 보면서 '오래전 에덴동산에서 아담과 하와가 왜 선악과를 따먹었으며, 하나님께서는 왜 인간 경작을 하실 수밖에 없는가?'를 깊이 깨닫습니다. 인간 경작을 받은 사람과 그렇지 않은 사람은 완전히 다르다는 것과 인간 경작을 하여 참 자녀를 얻으시려는 하나님의 섭리를 알게 되지요.

### 3. 백보좌 대심판 이후에 주어지는 천국

천년왕국이 끝나고 악한 영들이 다시 무저갱에 갇히면 비로소 하나님의 백보좌 대심판이 이루어집니다(계 20:12).

"또 내가 크고 흰 보좌와 그 위에 앉으신 자를 보니
땅과 하늘이 그 앞에서 피하여 간 데 없더라
또 내가 보니 죽은 자들이 무론대소하고
그 보좌 앞에 섰는데 책들이 펴 있고

또 다른 책이 펴졌으니 곧 생명책이라

죽은 자들이 자기 행위를 따라 책들에 기록된 대로

심판을 받으니 바다가 그 가운데서 죽은 자들을 내어 주고

또 사망과 음부도 그 가운데서 죽은 자들을 내어 주매

각 사람이 자기의 행위대로 심판을 받고

사망과 음부도 불못에 던지우니

이것은 둘째 사망 곧 불못이라

누구든지 생명책에 기록되지 못한 자는

불못에 던지우더라"(계 20:11~15)

이는 사도 요한이 백보좌 대심판의 광경을 보고 기록한 말씀입니다. 재판장이신 하나님에게서 나오는 빛이 너무 밝아 희게 보였기 때문에 '크고 흰 보좌'라 표현했지요. 또 하나님께서 이 보좌에 앉아 대심판을 하시므로 '백보좌 대심판'이라고 합니다.

### 하나님께서 재판장이신 백보좌 대심판

그렇다면 과연 백보좌 대심판은 어디에서 이루어지는 것일까요? 바로 우리가 살고 있는 이 땅, 곧 첫째 하늘에서 이루어집니다.

악한 영들에 대한 심판이 일단락되면 이 땅은 다시 평정이 되고 하나님께서 대심판을 위해 내려오십니다. 재판장이신 성부

하나님께서 재판을 하시는데, 주님과 성령님이 사람의 입장에서 그 판결이 합당함을 보장하십니다. 주님은 육신을 입고 이 땅에 오셔서 사람이 겪는 모든 것을 체험하셨고, 성령님은 사람의 마음을 잘 아시기 때문입니다.

그런데 이것으로 심판이 끝나는 것이 아니라, 확인하는 단계가 더 있습니다. 하나님 앞에 거룩함과 온전함이 인정되어 심판이 면제된 엘리야, 에녹, 아브라함, 모세 선지자가 대심판을 보좌하지요.

이분들은 대심판이 있기 전에 이미 하나님 앞에 모든 영광을 받아 온전한 영체를 입었기 때문에 심판받을 이유가 없습니다. 다만 하나님의 보좌 주변에 거하며 그분의 뜻에 따라 이 땅을 오가면서 하나님의 일을 돕거나, 대심판 때에도 하나님의 보좌 곁에서 심판을 돕는 것입니다.

엘리야와 에녹은 많은 말을 하지는 않지만 인간 경작의 최고의 열매라는 자체만으로도 심판의 기준이 됩니다. 또 아브라함은 믿음의 측면에서, 모세는 율법의 측면에서 심판받는 영혼이 얼마나 하나님말씀을 준행하였는지 보충 설명을 하여 대심판을 돕습니다.

이외에 대심판을 돕는 배심원들이 있는데, 요한계시록 5장 8절에 나오는 24장로가 그들입니다. 24장로는 배심원으로서 대심판을 돕기 위해 먼저 심판을 받습니다. 그중에서 서열이 가장 높은 사도 바울이 먼저 심판대에 섭니다.

이때 사도 바울은 수많은 연단 속에 어떻게 주님을 사랑하고, 하나님의 인도를 받았는지 증언합니다. 그러면 삼위일체 하나님과 네 선지자가 사실임을 인정함으로써 영광과 권세와 상급을 받는 것입니다.

그러면 24장로는 어떻게 배심원의 역할을 할까요? 바로 재판장이신 하나님의 판결을 보장하는 역할을 합니다.

예를 들어, 뜨겁게 하나님을 사랑하여 충성한 사람이 심판대 앞에 서면 24장로 중에 열정적으로 주를 위해 충성한 사도 바울에 비추어 심판하는 것입니다. 그 충성이 얼마나 값지고 존귀한 것인지 측정한 결과에 따라 상급을 줍니다.

반대로, 하나님을 믿다가 핍박에 못 견디어 주님을 부인하거나 우상에 절한 사람이 "나는 너무 심한 핍박 때문에 믿음을 지킬 수 없었어요."라고 변명한다면 24장로 중에 극심한 핍박 가운데 십자가를 거꾸로 지고 순교한 베드로나, 믿음을 신실하게 지킨 다니엘이 증언합니다.

그러므로 하나님께서는 믿음, 소망, 사랑, 충성, 선, 진실, 절개 등 각 분야에서 가장 뛰어난 보석 같은 마음을 이룬 사람들을 특별히 뽑아 24장로로 세우시는 것입니다. 이처럼 삼위일체 하나님과 네 명의 선지자 외에 배심원까지 두는 것은 영생 또는 영벌로 갈라지는 대심판이기에 신중을 더하기 위해서입니다.

**구원받지 못한 영혼들의 심판**

본격적인 백보좌 대심판이 시작되면 먼저 구원받지 못한 영혼들이 심판을 받습니다. 아랫음부에 대기하던 그들도 대심판 때에는 영혼과 함께 몸이 결합하여 영혼육 완전체가 됩니다. 하지만 그들의 영은 단지 영원불멸의 속성을 지녔을 뿐 하나님과 교통할 수 없고, 그들의 몸도 신령한 몸이 아니라 영원히 죽지 않고 썩지 않는 속성만을 지닌 몸입니다.

영혼만의 상태로 형벌받을 때보다 육의 몸을 입은 상태로 받는 것이 훨씬 더 생생한 느낌으로 와 닿기 때문에 고통도 더 크지요. 따라서 대심판 이후 불못이나 유황못에 떨어지면, 아랫음부보다 형벌 자체도 고통이 더 크지만, 몸을 입었기 때문에 상대적으로 느끼는 고통도 더 큽니다.

죄가 무거운 사람부터 가벼운 사람의 순서로 심판을 받는데 구원받지 못한 영혼들은 하나님을 대면할 수 없는 죄인들이니 지옥의 대기 장소인 아랫음부에서 심판을 받습니다. 하나님 보좌 앞에 직접 나오지 않는다 해도 마치 면전에서 이루어지듯이 두렵고 떨리는 준엄한 심판이 진행됩니다.

모세의 율법과 아브라함의 믿음, 그리고 배심원들의 증언이

심판의 기준이 되지만, 판결의 근거가 되는 증거 자료도 동원됩니다.

요한계시록 20장 12절에 "또 내가 보니 죽은 자들이 무론대소하고 그 보좌 앞에 섰는데 책들이 펴 있고 또 다른 책이 펴졌으니 곧 생명책이라 죽은 자들이 자기 행위를 따라 책들에 기록된 대로 심판을 받으니" 말씀합니다.

생명책에 이름이 기록되지 못한 영혼, 곧 구원받지 못한 영혼들은 다른 책들에 기록된 대로 심판을 받습니다. 이 책에는 각 사람이 출생하여 숨을 거두기까지의 모든 일을 천사들이 기록하여 심판의 결정적 증거 자료가 됩니다.

선한 일은 물론, 비방하거나 수군거린 일, 때리거나 혈기 부리고 싸운 일, 살인, 간음, 도둑질 및 심지어는 침 뱉은 일 하나까지도 빠짐없이 기록되어 있습니다.

마태복음 12장 36절에 "사람이 무슨 무익한 말을 하든지 심판날에 이에 대하여 심문을 받으리니" 말씀한 대로 말 한마디까지 심판의 기준이 되는 것입니다.

물론 구원받은 영혼들은 걱정할 것이 없습니다. 주님을 믿기 전에 지었던 죄는 "동이 서에서 먼 것같이 우리 죄과를 우리에게서 멀리 옮기셨으며"(시 103:12) 말씀하신 대로 주님을 영접할 때 보혈로 이미 용서되었기 때문입니다. 또 주님을 영접한 후에 죄를 지었다 해도 마음 중심에서 회개하고 돌이켜 빛 가운데 행하면 다시 용서해 주십니다(요일 1:7).

하지만 보혈의 공로에 의지해도 다시 용서되지 않는 죄를 지은 경우에는 생명책에서 이름이 지워질 수 있습니다. 성령 훼방, 거역, 모독 등 사망에 이르는 죄를 지어 성령이 소멸된 경우이지요(마 12:31, 32 ; 살전 5:19).

이러한 죄를 지은 영혼들은 지옥 중 불못보다 7배나 더 뜨거운 유황못에 떨어집니다. 이들 중에 혹 "나는 그런 적이 없습니다."라고 변명한다면 하나님께서는 책에 기록된 내용 외에 또 다른 증거 자료를 보여 주십니다.

바로 하나님 보좌 앞에 있는 유리 바다에 비추어 보면 사람의 마음과 생각, 언어와 행동 등 모든 것이 그대로 드러나 보입니다(계 4:6). 과거에 이 땅에서 행하고 말하고 생각한 모든 일을 마치 바로 눈앞에서 벌어지는 일처럼 생생하게 비추므로 각 사람에 대한 심판의 증거가 됩니다.

구원받지 못한 영혼들의 심판이 모두 끝나면, 저마다의 죄에 따라 지옥의 불못이나 유황못으로 던져져 영원한 형벌을 받습니다.

**구원받은 영혼들의 상급 심판**

구원받지 못한 영혼들의 심판 후에는 구원받은 영혼들의 상급

심판이 진행됩니다. 상급이 큰 사람부터 시작하여 작은 사람의 순서로 진행되지요.

요한계시록 22장 12절에 "보라 내가 속히 오리니 내가 줄 상이 내게 있어 각 사람에게 그의 일한 대로 갚아 주리라" 약속하신 대로 천국의 처소와 상급이 결정됩니다.

예를 들어, 기도의 향도 대심판 때에 상급의 근거가 될 수 있습니다. 천국에는 모든 기도의 향을 담은 금향로가 있는데, 하나님의 나라와 의를 위해 쌓은 기도의 양이 얼마나 많은지에 따라 상급이 달라집니다.

모든 사람에 대한 상급 심판이 끝나면 비로소 자신의 집이 있는 천국의 처소로 들어갑니다. 백보좌 대심판을 통해 한번 정해진 천국의 처소와 상급은 영원히 변함 없습니다. 일단 천국에 들어가면 더는 상급 쌓을 기회가 없으니 모든 시간을 헛되이 흘려버리지 말고 더 많은 상급을 쌓으며 좋은 천국을 침노해 들어가는 값진 시간으로 만드시길 바랍니다.

chapter 4

# 창세부터 감추인 천국의 비밀

예수님 이후 드러나는 천국의 비밀
마지막 때에 드러나는 천국의 비밀
내 아버지 집에 거할 곳이 많도다

·
·
·

천국의 비밀을 아는 것이 너희에게는
허락되었으나 저희에게는 아니 되었나니
무릇 있는 자는 받아 넉넉하게 되되
무릇 없는 자는 그 있는 것도 빼앗기리라
…
이는 선지자로 말씀하신 바 내가 입을
열어 비유로 말하고 창세부터
감추인 것들을 드러내리라 함을
이루려 하심이니라

마 13:11~35

어느 날, 예수님께서 바닷가에 나가 앉으시니 많은 사람이 모여들었습니다. 배에 오른 예수님께서는 그들을 향하여 여러 가지 비유의 말씀을 하셨습니다. 이때 예수님의 제자들이 물었지요.

"어찌하여 저희에게 비유로 말씀하시나이까?"(마 13:10)

"천국의 비밀을 아는 것이 너희에게는 허락되었으나
저희에게는 아니 되었나니
무릇 있는 자는 받아 넉넉하게 되되
무릇 없는 자는 그 있는 것도 빼앗기리라…
그러나 너희 눈은 봄으로, 너희 귀는 들음으로 복이 있도다
내가 진실로 너희에게 이르노니
많은 선지자와 의인이 너희 보는 것들을
보고자 하여도 보지 못하였고
너희 듣는 것들을 듣고자 하여도
듣지 못하였느니라"(마 13:11~17)

예수님께서 답변하신 대로 천국의 비밀은 많은 선지자와 의인

들이 보고자 하여도 보지 못하고 듣고자 하여도 듣지 못했습니다. 그러나 이제는 근본 하나님의 본체이신 예수님이 이 땅에 오셨기 때문에(빌 2:6~8) 제자들에게 천국의 비밀을 전하는 것이 허락되었습니다.

## 1. 예수님 이후 드러나는 천국의 비밀

예수님께서는 공생애를 시작하면서 천국의 비밀을 알려 주셨습니다. 성경을 보면 천국에 대한 많은 비유가 나옵니다.

"천국은 좋은 씨를 제 밭에 뿌린 사람과 같으니"(마 13:24)

"천국은 마치 사람이 자기 밭에 갖다 심은 겨자씨 한 알 같으니"(마 13:31)

"천국은 마치 여자가 가루 서 말 속에 갖다 넣어 전부 부풀게 한 누룩과 같으니라"(눅 13:21)

"천국은 마치 밭에 감추인 보화와 같으니…"(마 13:44)

"천국은 마치 좋은 진주를 구하는 장사와 같으니…"(마 13:45, 46)

천국은 눈에 보이지 않는 영의 세계입니다. 비유가 아니고는 그 비밀을 이해하고 깨우칠 수 없기 때문에 예수님께서는 여러 비유를 들어 말씀하셨습니다.

우리가 그러한 말씀을 통해 천국을 어떻게 소유하고, 어떤 사람이 들어가며, 어떻게 임하는지 등을 바로 알고 신앙생활을 해야 천국에서 영생 복락을 누릴 수 있습니다.

### 사도 바울에게 알려 주신 천국의 비밀

사도 바울은 주님을 만나기 전에는 모세의 율법과 장로의 유전을 철저하게 지키는 바리새인이었으며 나면서부터 로마의 시민권을 가진 유대인으로서 기독교를 몹시 핍박했습니다. 그런데 다메섹 도상에서 주님을 만나 회심한 후, 이방인 선교에 힘쓰며 수많은 영혼을 구원의 길로 인도하였습니다.

하나님께서는 사도 바울이 복음을 전하면서 말할 수 없는 고난을 받을 것을 아셨습니다. 그래서 천국의 놀라운 비밀을 알려 주며 오직 앞의 푯대를 향하여 달려갈 수 있도록 인도하셨습니다(빌 3:12~14). 즉 아름다운 천국을 소망함으로써 어려움 속에서도 기쁨으로 복음을 전하게 하신 것이지요.

사도 바울이 성령의 감동으로 기록한 성경을 보면 주님의 공중 강림과 휴거, 천국의 처소와 영광, 부르심의 상과 면류관, 멜기세덱과 예수 그리스도 등에 대해 감동적으로 말하고 있습니다. 그중 고린도후서 12장에는 자신의 영적 체험을 기록하고 있습니다.

"무익하나마 내가 부득불 자랑하노니
주의 환상과 계시를 말하리라
내가 그리스도 안에 있는 한 사람을 아노니
십사 년 전에 그가 셋째 하늘에 이끌려 간 자라
(그가 몸 안에 있었는지 몸 밖에 있었는지 나는 모르거니와
하나님은 아시느니라) 내가 이런 사람을 아노니
그가 낙원으로 이끌려 가서 말할 수 없는 말을 들었으니
사람이 가히 이르지 못할 말이로다"(고후 12:1~4)

하나님께서는 이방인 선교를 위해 사도 바울을 택정하고 불같이 연단하며 환상과 계시를 주셨습니다. 그리하여 모든 고난을 믿음으로 이기고 천국의 소망으로 견디며 사랑으로 극복할 수 있도록 인도하셨습니다.

이미 십사 년 전에 셋째 하늘에 있는 낙원에 이끌려 가서 천국의 비밀을 들었는데 얼마나 놀라운 내용인지 사람이 가히 이르지 못할 말이라고 합니다. 이는 고린도 교회 교인들로 하여금 하나님 말씀대로 행하여 아름다운 주님의 신부가 될 수 있도록 자신이 주를 위해 겪은 고난을 열거하면서 고백한 영적 체험입니다.

**사도 요한에게 보여 주신 천국의 비밀**

사도 요한은 예수님의 열두 제자 중에 한 사람으로서 로마 황제의 극심한 기독교 박해로 끓는 기름가마에 던져졌지만 그래도 죽지 않자 밧모 섬으로 유배되었습니다. 그곳에서 하나님과 깊은 교통을 하며 요한계시록을 기록하였는데 참으로 놀라운 천국의 비밀들이 담겨 있습니다.

하나님과 어린 양의 보좌, 천상에서의 예배, 네 생물, 하나님께서 7년 대환난을 허락하시는 과정과 천사들의 역할, 어린 양의 혼인 잔치와 천년왕국, 백보좌 대심판, 새 예루살렘과 무저갱 등 많은 영계의 비밀을 알려 주지요.

사도 요한은 요한계시록 1장 1~3절을 통하여 주의 계시와 환상으로 요한계시록을 기록하였으며 반드시 빨리 이루어질 일들이기 때문에 빠짐없이 기록하였다고 고백합니다.

"예수 그리스도의 계시라
이는 하나님이 그에게 주사
반드시 속히 될 일을 그 종들에게 보이시려고
그 천사를 그 종 요한에게 보내어 지시하신 것이라
요한은 하나님의 말씀과 예수 그리스도의 증거
곧 자기의 본 것을 다 증거하였느니라
이 예언의 말씀을 읽는 자와 듣는 자들과

그 가운데 기록한 것을 지키는 자들이 복이 있나니
때가 가까움이라"

여기서 때가 가깝다는 것은 주님의 공중 강림의 때가 가깝다는 것입니다. 그래서 믿음으로 구원받아 천국에 들어갈 수 있는 자격을 갖추는 것이 매우 중요하지요. 아무리 열심히 교회에 다닌다 해도 행함 있는 믿음을 소유하지 못하면 구원받을 수 없습니다. 하나님 뜻대로 행해야만 천국에 들어갈 수 있는 것입니다.

그러므로 사도 요한은 요한계시록 4장 이하에서 반드시 속히 될 일에 관하여 구체적으로 설명한 후에 결론적으로 주님이 속히 오실 것과 두루마기를 빠는 자가 되어야 할 것을 알려 줍니다.

"보라 내가 속히 오리니
내가 줄 상이 내게 있어
각 사람에게 그의 일한 대로 갚아 주리라
나는 알파와 오메가요 처음과 나중이요 시작과 끝이라
그 두루마기를 빠는 자들은 복이 있으니
이는 저희가 생명나무에 나아가며 문들을 통하여
성에 들어갈 권세를 얻으려 함이로다"(계 22:12~14)

영적으로 두루마기란 마음과 행실을 뜻하며, 두루마기를 빤다는 것은 하나님 말씀대로 살지 못한 것을 회개하고 하나님의 뜻대로 살아간다는 의미입니다. 그래서 하나님 말씀대로 살아가는 만큼 천국의 문들을 통과하여 가장 아름다운 새 예루살렘 성에까지 들어가게 됩니다.

## 2. 마지막 때에 드러나는 천국의 비밀

예수님께서는 마태복음 13장 47~50절에서 천국은 마치 바다에 치고 각종 물고기를 모는 그물과 같다고 비유하셨습니다.

"또 천국은 마치 바다에 치고
각종 물고기를 모는 그물과 같으니
그물에 가득하매 물가로 끌어내고 앉아서
좋은 것은 그릇에 담고 못된 것은 내어 버리느니라
세상 끝에도 이러하리라
천사들이 와서 의인 중에서 악인을 갈라내어
풀무불에 던져 넣으리니 거기서 울며 이를 갊이 있으리라"

바다는 세상을, 물고기는 성도를 의미하며 바다에 그물을 치고 물고기를 잡는 어부는 하나님을 지칭하지요. 그물에 물고기가 가득하면 끌어내 좋은 것을 그릇에 담고 못된 것은 버리듯이 세상 끝에는 천사들이 의인 중에서 악인을 가려내 의인은 천국으로 인도하고 악인은 지옥으로 던져 버립니다.

여기서 의인이란 예수 그리스도를 마음에 믿어 의로움을 인정받고 행함으로 믿음을 나타내는 사람입니다. 하나님 말씀을 듣고 안다고 해서 의인이 아닙니다. 하나님께서 성경에 '하라, 하지 말라, 버리라, 지키라' 하신 말씀을 지키고 그 뜻대로 행하는 자라야 하나님 보시기에 의인입니다(마 7:21).

반면 교회에 다니며 스스로 하나님의 자녀라고 말하지만 말씀대로 살지 못하고 죄를 반복하여 짓는다면 이런 이는 의인 중에 악인으로서 구원받을 수 없음을 말씀합니다.

### 믿음으로 소유하는 천국

마태복음 17장 20절에 예수님께서 "너희가 만일 믿음이 한 겨자씨만큼만 있으면 이 산을 명하여 여기서 저기로 옮기라 하여도 옮길 것이요 또 너희가 못할 것이 없으리라" 말씀하셨습니다.

겨자씨만한 작은 믿음이 자라서 큰 믿음이 되면 능치 못할 일이 없다는 것입니다. 이제 막 예수 그리스도를 영접하여 성령을 받으면 겨자씨만한 믿음을 갖는데, 이 믿음을 마음밭에 심으면 싹이 나서 자라납니다.

그리하여 많은 새가 와서 깃들이는 큰 나무와 같이 큰 믿음으로 성장하면 예수님께서 하신 것처럼 소경이 눈을 뜨고 귀머거리가 들으며 벙어리가 말을 하고, 죽은 자가 살아나는 등 하나님의 권능의 역사가 나타나지요.

만일 믿음이 있는데 권능의 역사가 나타나지 않고 가정과 일터, 사업터에 얽히고설킨 문제가 해결되지 않는다면 이는 아직 큰 믿음으로 성장하지 못했기 때문입니다.

요한일서 2장 12~14절을 보면 사도 요한이 영적 믿음의 성장 과정을 설명한 내용이 나옵니다. 젖먹이가 어린아이의 과정을 거쳐 청년으로 성장하고, 때가 이르면 결혼하여 자녀를 낳고 아비가 됩니다.

마찬가지로 예수 그리스도를 믿고 하나님의 자녀가 되면 점점 믿음이 자라면서 아이, 청년의 때를 지나 아비의 분량에 이릅니다. 믿음의 분량이 장성한 만큼 더 아름다운 천국에 들어갑니다. 이처럼 믿음은 성장하는 과정이 있기 때문에 더 아름다운 천국을 소유하려면 구체적인 노력이 필요합니다.

### 자기 것을 다 팔아야 소유할 수 있는 천국

마태복음 13장 44절을 보면 "천국은 마치 밭에 감추인 보화와 같으니 사람이 이를 발견한 후 숨겨 두고 기뻐하여 돌아가서 자기의 소유를 다 팔아 그 밭을 샀느니라" 말씀하고 있습니다. 예수님께서는 일상생활에서 접할 수 있는 이야기를 비유로 설명하신 것입니다.

어느 마을에 품을 팔아 살아가는 가난한 농부가 있었습니다. 하루는 이 농부가 이웃의 요청으로 일하러 갑니다. 땀을 뻘뻘 흘리며 오랫동안 버려둔 땅을 열심히 개간하던 농부는 갑자기 삽 끝에 딱딱한 물건이 닿는 것을 느꼈습니다. 계속해서 파 보았더니 엄청난 보물이 묻혀 있었습니다.

농부는 마음이 온통 감추어진 보화로 가득하여 어떻게 하면 그것을 손에 넣을 수 있을지 궁리했습니다. 문득 좋은 생각이 떠올랐는데, 바로 그 밭을 사야겠다는 것입니다. 그 밭은 황폐하여 버려져 있었으므로 주인이 쉽게 팔 것 같았기 때문입니다.

그리하여 서둘러 집으로 돌아와서 가재도구를 정리하고 자기의 소유를 다 팔았습니다. 자기가 가진 모든 것보다 훨씬 더 가치 있는 보화를 발견했기 때문에 아무것도 아깝지 않았습니다.

여기서 밭은 우리의 마음을 가리키며 보화는 천국을 의미합니다. 즉 우리 마음속에 보화와 같은 천국이 감추어져 있다는 것이지요.

농부가 가재도구를 팔아 밭을 사듯 자기의 소유를 다 팔아야 천국을 소유할 수 있습니다. 자기의 소유란, 주님을 영접하기 전에 지니고 있던 미움, 시기, 욕심, 혈기, 교만 등 모든 죄악을 말합니다. 결국 자기 소유를 다 판다는 것은, 진리인 하나님 말씀대로 살기 위해 죄를 버리는 것을 의미합니다(히 12:4).

이렇게 죄악을 버려 나가면 믿음이 점점 성장하여 성령의 소욕을 좇아 하나님 말씀대로 살고 결국 온전한 영의 사람이 되어 아름다운 천국을 소유하게 됩니다.

**심령 천국을 이루는 만큼 소유할 수 있는 천국**

밭에 보화가 있는 것을 믿는 사람은 자기의 소유를 다 팔아 그 밭을 사는 것과 같이, 천국은 믿음으로 소유합니다. 그림자가 있으면 실체가 있고, 실체가 있으면 그림자가 있듯이 본체인 천국을 소유하려면 그림자인 마음에 천국을 이뤄야 합니다.

"믿음은 바라는 것들의 실상"(히 11:1)이라 했으니 믿음으로 천국을 소유할 때에 비로소 마음에 천국이 이뤄집니다. 그리하여 주님께서 다시 오시는 날 그림자였던 천국이 실체로 나타나고 비로소 영원한 천국을 소유합니다.

천국을 소유한 사람은 이 땅의 모든 것을 버렸더라도 실상은 가장 부요한 사람입니다. 그래서 베드로를 비롯한 제자들은 자신의 생업을 버리고 예수님을 좇았습니다. 사도 바울 역시 주님을 영접한 후에는 가진 모든 것을 배설물로 여겼습니다. 이렇게 할 수 있었던 것은 그보다 훨씬 더 가치 있는 보화를 발견하고 그것을 얻기 위해서였습니다.

우리도 천국을 발견하고 알았으니 비진리를 모두 벗어 버리고 진리 말씀대로 순종함으로써 행함 있는 믿음을 나타내 보여야 합니다. 마음에 보물처럼 소유한 고집, 교만, 자존심 등 모든 비진리를 팔아 심령 천국을 이루며 결국에는 영원한 천국을 소유해야 하겠습니다.

## 3. 내 아버지 집에 거할 곳이 많도다

요한복음 14장 1~3절을 보면 천국에는 거할 곳이 많으며 예수님께서는 천국의 처소를 예비하러 가셨음을 알 수 있습니다.

"너희는 마음에 근심하지 말라
하나님을 믿으니 또 나를 믿으라
내 아버지 집에 거할 곳이 많도다
그렇지 않으면 너희에게 일렀으리라
내가 너희를 위하여 처소를 예비하러 가노니
가서 너희를 위하여 처소를 예비하면
내가 다시 와서 너희를 내게로 영접하여
나 있는 곳에 너희도 있게 하리라"

**천국의 처소를 예비하러 가신 주님**
예수님께서는 십자가 고난을 당하기 전에 앞으로 될 일들을 알려 주셨습니다. 가룟 유다의 배반, 베드로가 부인할 것, 자신의 죽음에 대해 전한 뒤 이를 듣고 근심하는 제자들에게 천국의 처소를 말씀하시며 위로하지요.

그래서 "내 아버지 집에 거할 곳이 많도다 그렇지 않으면 너희에게 일렀으리라 내가 너희를 위하여 처소를 예비하러 가노니" 말씀하십니다. 예수님께서는 실제로 십자가에 못 박혀 죽은 지 3일 만에 사망 권세를 깨뜨리고 부활하셨습니다. 그리고 사십 일 후에 많은 사람이 보는 가운데 하늘로 오르셨는데 바로 천국의 처소를 예비하러 가신 것입니다.

그러면 예수님께서 '내가 너희를 위하여 처소를 예비하러 간다'고 말씀하신 의미는 무엇일까요? 요한일서 2장 2절에 "저는 우리 죄를 위한 화목제물이니 우리만 위할 뿐 아니요 온 세상의 죄를 위하심이라" 말씀하신 대로 하나님과 막힌 죄의 담을 헐어 주셨으니 누구든지 믿음으로 천국을 소유하게 되었음을 의미합니다.

구약 시대에는 사람이 죄를 지으면 용서받기 위해 짐승을 속죄 제물로 대신 드렸습니다. 그러나 예수님께서는 자신의 몸을 단번에 드려 우리의 죄가 용서되고 거룩함을 얻을 수 있게 해 주셨습니다(히 10:12~14).

**믿음의 분량에 따라 주어지는 천국**

요한복음 14장 2절에 "내 아버지 집에 거할 곳이 많도다" 말씀하셨는데 여기에는 모든 사람이 구원에 이르기를 원하는 주님의 마음이 담겨 있습니다(딤전 2:4).

그러면 예수님께서 '천국'에 거할 곳이 많도다 하시지 않고 '내 아버지 집'이라 표현한 이유는 무엇일까요? 하나님께서 아버지로서 서로 사랑을 주고받으며 영원히 함께할 참 자녀를 원하시기 때문입니다.

천국에는 하나님께서 그 자녀들을 위해 예비한 처소가 많은데 하나님께서는 행한 대로 갚아 주시는(마 16:27 ; 계 2:23) 공의로운 분이므로 믿음의 분량에 따라 천국의 처소를 예비하십니다.

로마서 12장 3절을 보면 "너희 중 각 사람에게 말하노니 마땅히 생각할 그 이상의 생각을 품지 말고 오직 하나님께서 각 사람에게 나눠 주신 믿음의 분량대로 지혜롭게 생각하라" 말씀하셨습니다. 우리가 이 땅에서 얼마나 하나님의 마음을 닮았느냐에 따라 천국의 처소가 달라집니다. 영적인 사람으로서 얼마나 심령 천국을 이루었느냐에 따라 달라지는 것입니다.

가령, 아이와 장년이 함께 운동이나 놀이를 한다면 언어와 행동, 사고방식이 다르기 때문에 재미가 덜합니다. 아이는 아이끼리, 청년은 청년끼리 함께할 때에 더 재미있습니다.

영적으로도 마찬가지입니다. 사람마다 영의 크기가 다르므로 하나님께서는 천국에서 모든 하나님의 자녀들이 행복하게 살아갈 수 있도록 믿음의 분량에 따라 각 처소를 구분해 놓으셨습니다.

믿음에는 분량이 있어서 앞서 말씀드린 대로 간신히 구원받을 수 있는 믿음의 1단계, 하나님 말씀대로 행하려고 노력하는 2단계, 말씀대로 행할 수 있는 3단계, 악은 모양이라도 버리고 성결한 4단계, 하나님을 기쁘시게 하는 5단계 곧 온 영의 믿음으로 나눌 수 있습니다(『믿음의 분량』 책자 참조).

그중 믿음의 1단계가 들어가는 천국의 처소가 낙원이고, 2, 3, 4단계 등 믿음이 성장함에 따라 1천층, 2천층, 3천층에 들어가며, 가장 큰 믿음인 5단계가 들어가는 곳이 새 예루살렘이라 했지요. 새 예루살렘 성은 천국의 정중앙에 있으며 하나님을 기쁘시게 한 믿음의 사람들이 영원히 사는 곳입니다.

반면에 천국의 제일 가장자리에는 낙원이 있습니다. 회개하고 구원받은 한 편 강도처럼 예수님을 구세주로 영접한 것 외에는 하나님 나라를 위해 한 일이 없는 하나님의 자녀들이 살게 됩니다.

주님께서는 천국에 가서 처소를 예비하면 다시 와서 우리를 천국으로 데려갈 것을 약속하셨습니다(요 14:3). 우리가 믿음 안에서 충성하며 하나님을 위해 수고한 모든 것을 주님께서 다 기억하십니다. 또한 하나님 말씀으로 부지런히 마음을 할례함으로 성결하면 주님께서 다시 오실 때에 그 품에 영광스럽게 안길 수 있으며, 천국에서 해와 같이 빛나는 자리에 이릅니다.

chapter 5

# 천국에서는 어떤 모습으로 어떻게 살아갈까?

천국에서는 어떤 모습으로 살아갈까?
천국에서는 어떤 옷을 입을까?
천국에서는 무엇을 먹으며 살아갈까?
천국의 교통수단
천국에서는 어떤 오락을 즐길까?
천국에서의 예배와 교육, 문화생활

·
·
·

하늘에 속한 형체도 있고
땅에 속한 형체도 있으나
하늘에 속한 자의 영광이 따로 있고 땅에
속한 자의 영광이 따로 있으니
해의 영광도 다르며 달의 영광도 다르며
별의 영광도 다른데
별과 별의 영광이 다르도다

고전 15:40,41

천국에서 누리는 행복은 이 땅에서 누릴 수 있는 즐거움을 최상의 것으로만 상상해 본다고 해도 비교할 수가 없습니다.

열대 야자수가 늘어선 아름다운 바닷가 휴양지에서 사랑하는 사람과 함께 빼어난 경치와 볼거리를 즐긴다 해도 이 세상의 행복은 잠시 잠깐에 불과합니다. 다시 일상생활 속으로 돌아가 겪을 여러 일이 늘 마음 한편에 근심으로 자리 잡기도 하고, 이러한 생활을 한 달, 두 달, 일 년을 반복한다면 이내 지루하고 다시금 새로운 것을 찾을 것입니다.

그러나 천국에서의 생활은 모든 것이 기쁘고 새롭고 신비로우며 행복 자체입니다. 하나님과 주님과 함께 행복한 시간을 갖기도 하고 각종 취미 생활과 게임, 놀이기구도 즐기는 등 다양하고 흥미로운 생활의 연속입니다.

그러면 하나님의 자녀들은 천국에서 어떤 모습으로 어떻게 살아갈까요?

## 1. 천국에서는 어떤 모습으로 살아갈까?

천국에서는 영, 혼, 육을 가진 신령한 몸으로 변화되는데 이 땅에서의 아내, 남편, 자녀, 부모를 알아볼 수 있음은 물론, 목자와 양 떼였던 사이도 알아볼 수 있습니다.

또한 이 땅에서 희미해진 과거의 일도 얼굴과 얼굴을 대하여 보듯이(고전 13:12) 무엇이나 밝히 알게 되고 하나님의 뜻을 정확하게 분별하며 깨달으니 그만큼 지혜롭습니다.

### 영체와 부활체

이 땅의 생물은 각기 다른 형체를 지니고 있어서 코끼리, 사자, 독수리, 사람 등을 쉽게 분별할 수 있습니다. 마찬가지로 사람의 영도 고유한 형태가 있어서 각각이 분별됩니다.

영체란 '영의 고유한 형태'라 할 수 있습니다. 어린아이 때에 사망하면 영체도 어린아이의 모습이며, 청년 때에 사망하면 청년의 모습, 노년 때에 사망하면 노인의 모습입니다.

그렇다 해서 영체에 수염이나 장애, 흉터, 주름 등이 있는 것은 아닙니다. 질병으로 죽은 영혼이라 해도 영체의 모습은 건강하고 아름다우며, 노인의 영체도 임종 당시와 비슷하되 늙거나 허약해 보이지 않습니다.

영체는 시대나 인종에 관계없이 모두 흰옷을 입고 있으며 영체 자체에서 빛이 흘러나옵니다. 사람마다 빛의 강도가 다른데, 성결한 만큼 더 아름답고 환합니다. 그 빛에 따라 천국의 처소와 영광이 달라집니다.

여인들의 경우, 성결의 정도에 따라 머리카락 길이가 다릅니다. 온 영을 이뤄 최고의 믿음의 분량에 이른 사람은 머리카락이 척추 끝까지 이릅니다.

악은 모양이라도 버리고 믿음의 4단계에 이른 사람은 등의 중간쯤까지 이르며, 그렇지 못한 사람들은 어깨선에 닿을 정도의 길이입니다. 따라서 영체의 머리카락만 보아도 천국의 어느 처소에 가게 될지 대략 알 수 있지요. 하지만 남자들은 머리카락 길이가 모두 목선까지로 일정합니다.

이는 구원받은 영혼들이 주님께서 공중 강림하시기 전까지 천국의 대기 장소에 머물고 있는 영체 모습입니다. 아직 신령한 몸을 이루지 못한 상태이기에 온전하다고 할 수 없습니다. 그래서 이들도 주님의 공중 강림과 부활의 때를 사모하며 기다리고 있습니다.

이들은 주님께서 공중 강림하실 때에 같이 내려와 무덤에서 부활하여 나오는 자신의 신령한 몸과 결합하여(고전 15:51~53) 부활체가 되는 것입니다. 그리고 살아 있다가 주님을 맞는 사람들은 순식간에 신령한 몸으로 변화되어 공중으로 들리는데, 이처럼 썩지도 죽지도 않는 신령한 몸이 된 것을 '부활체'라 합니다. 이 부활체 상태로 7년 혼인 잔치를 한 후 이 땅에 다시 내려와 천 년을 보냅니다.

그러면 부활체는 천국의 대기 장소에 있는 영체와 어떻게 다를까요? 영체가 죽음을 맞을 당시의 모습인 데 반해 부활체는 남녀노소 할 것 없이 33세의 신령한 몸으로 바뀝니다. 33세는 바로 예수님께서 이 땅의 삶을 마치신 때로서 인생의 절정기라 할 수 있고 성숙하고 아름다운 시기입니다. 그래서 하나님께서는 영원히 변치 않는 신령한 몸을 입힐 때 33세 때의 모습을 택하신 것입니다.

머리카락은 살짝 웨이브가 있는 금발이며, 남자의 키는 약 190cm 정도이고 여자는 170cm를 조금 넘습니다. 너무 마르거나 뚱뚱하지 않은 가장 적당하고 아름다운 몸매입니다. 이 땅에서는 여인들이 하얗고 고운 피부를 원하여 분을 바른다거나 주름을 없애기 위해 노력하지만, 천국에서는 고민할 필요가 없습니다. 화장을 하지 않아도 모두가 예쁘고 멋있어 보이지요. 가장 아름답고 젊은 모습으로 영원히 살아가는 것입니다.

부활체는 영혼과 신령한 몸이 결합한 상태이므로 손에 만져지고 숨도 쉬며 음식을 먹고 마실 수 있습니다. 섭취한 음식물은 호흡과 함께 분해하여 배출되기 때문에 소화나 배설의 과정이 필요 없습니다. 또한 신령한 몸이기 때문에 이 땅, 곧 육의 공간의 제약을 받지 않고 자유자재로 다닐 수 있습니다.

그런데 부활체와 영체가 느끼는 영의 공간의 느낌은 많이 다릅니다. 이 차이를 정확하게 설명하기란 쉽지 않지만, 최대한 표현한다면 꿈과 현실의 차이에 비유할 수 있습니다. 꿈속에서는 그 상황이 현실인 것 같지만 막상 현실에서 사물을 만지거나 움직일 때의 느낌은 꿈과 다릅니다.

꼭 맞아떨어지는 비유는 아니지만 영혼으로만 존재하는 영체가 영의 공간에서 갖는 느낌이 '꿈'과 같다면, 신령한 몸과 결합한 부활체는 '현실'로 느낄 수 있습니다.

그러므로 영체만으로는 온전하다 할 수 없으며 부활체가 될 때에 비로소 영의 공간에서 살 수 있는 기본적인 바탕을 이뤘다 할 수 있습니다.

이러한 부활체의 실체를 보여 주신 분이 바로 주님입니다. 누가복음 24장 39절을 보면 부활하신 주님이 제자들에게 나타나 "내 손과 발을 보고 나인 줄 알라 또 나를 만져 보라 영은 살과 뼈가 없으되 너희 보는 바와 같이 나는 있느니라" 말씀하십니다. 주님은 뼈와 살이 있지만 썩지 않을 신령한 몸이었습니다.

또 주님은 제자들이 모여 있는 방에 문을 통과하지 않고 나타나는가 하면(요 20:19), 구운 생선을 드시기도 했습니다(눅 24:42, 43). 이로써 부활체는 시공간의 제약을 받지 않고 움직일 수 있으며 음식을 먹을 수도 있다는 것을 알 수 있습니다.

**온전한 영체로 살아가는 천국**

구원받은 성도들은 주님 강림과 동시에 부활체로 변화하여 7년 동안 공중에서 혼인 잔치를 합니다. 그 후 천년왕국을 거쳐 백보좌 대심판을 받고 각자에게 정해진 천국 처소로 가는데, 그때에는 '온전한 영체'를 이룹니다.

온전한 영체는 부활체의 윗단계라 할 수 있습니다. 영체와 부활체, 그리고 온전한 영체의 공통점은 각 사람의 성결한 정도에 따라 빛이 다르다는 것입니다.

그런데 부활체와 온전한 영체의 가장 큰 차이점은 온전한 영체에는 성결한 정도뿐만 아니라 하나님께 받은 상급과 영광이 그대로 나타난다는 점입니다. 각 사람이 이 땅에서 행한 대로 백보좌 대심판을 통해 상급과 영광, 권세를 얻기 때문입니다.

물론 이러한 것은 개인이 입은 옷이나 장식 등에 그대로 나타나지만 '온전한 영체' 자체만 보아도 알 수 있습니다. 즉 얼마나 하나님을 사랑하여 말씀대로 살았는지, 천국의 어느 처소에 속하며 얼마나 상급과 영광이 큰지를 알 수 있는 것입니다.

그러면 하나님께서 왜 단번에 온전한 영체를 주지 않고 부활체라는 중간과정을 겪게 하실까요?

이는 우리가 영원히 살 천국과 7년 혼인 잔치를 하는 공중이라는 곳이 공간의 밀도나 시간의 흐름 등 많은 것이 다르기 때문입니다. 각 공간에 가장 적합한 체를 입혀 주시는 것입니다.

### 천국에서의 가족 관계와 영체의 마음

이 땅에서 부모와 자녀의 관계라 해도 천국에서는 어머니, 아버지 혹은 아들, 딸이라고 부르지 않습니다. 모든 영혼이 하나님의 자녀로서 형제, 자매 관계로 돌아가기 때문이지요.

물론 이 땅에 사는 동안 부모와 자녀의 관계로서 특별한 사랑을 주고받았다는 사실을 알기 때문에 천국에서도 더 깊은 사랑을 나눌 수는 있습니다. 그런데 만일 어머니는 천국의 낮은 처소에 들어가고 그의 자녀는 가장 영화로운 새 예루살렘 성에 들어갔다면 어떻게 해야 할까요?

세상에서는 마땅히 자녀가 어머니를 섬겨야 하지만, 천국에서는 하나님의 마음을 더 많이 닮은 만큼 영체에서 나오는 빛이 더 밝으므로 어머니 쪽에서 자녀에게 고개를 숙이게 됩니다. 그래서 천국에서는 이 땅에서 부르던 이름을 부르지 않고 하나님께서 가장 합당한 이름, 곧 영적 의미를 가진 새로운 이름을 지어 주십니다.

영체는 악이 없는 영 자체의 마음을 소유하고 있습니다. 이 땅에 살면서 좋고 아름다운 것은 갖고 싶고 만져 보고 싶듯이 영체도 마음에 아름다움을 느끼며 바라보고 만져 보기를 원합니다. 하지만 탐욕이나 욕심은 전혀 없습니다.

또한 이 땅에서는 자신의 유익을 좇아 이랬다저랬다 변하기도

하고, 아무리 예쁘고 좋은 것도 시간이 흐르면 싫증을 느끼게 마련인데, 이와 달리 영체에는 간사한 마음이나 변개하는 마음이 없습니다. 그러므로 한번 좋아했던 것은 영원토록 좋아하고, 배신 등의 악이 없으며 모든 것이 영계의 법칙에 따라 조화롭고 질서 있게 움직입니다.

## 2. 천국에서는 어떤 옷을 입을까?

하나님께서는 창조주이며 행한 대로 갚아 주시는 공의로운 분입니다(계 22:12). 따라서 천국에서 우리가 받는 상급에 따라 옷도 각기 다르며 다양합니다.

### 상급에 따라 옷의 빛깔, 디자인이 다르고

천국에서는 남녀 모두 밝게 빛나는 흰옷을 기본으로 입는데 옷감이 마치 비단처럼 부드럽고 무게가 없는 듯이 가벼우며 하늘거립니다. 사람마다 옷 자체에서 흘러나오는 빛의 밝기가 다릅니다. 하나님의 거룩한 마음을 닮은 만큼 옷도 더 밝고 영롱한 빛을 내지요.

천국에는 먼지가 없고 땀이 나는 것도 아니므로 같은 옷을 오랫동안 입어도 때가 타거나 냄새 나지 않습니다. 그러니 옷이 한 벌만 있어도 되는 것일까요?

그렇지 않습니다. 이 땅에서 여러 활동에 맞는 복장이 따로 있는 것처럼, 천국에서도 때에 따라 다른 옷으로 바꿔 입을 필요가 있습니다. 평상복이 있는가 하면 연회 때 입을 파티복, 예배드릴 때 입을 예복, 운동 경기나 게임을 할 때 입는 옷이 있어 가장 적합한 옷으로 바꿔 입을 수 있습니다.

천국에서는 무엇이든지 이 땅에서 행한 대로 주어지므로 사람마다 옷의 가짓수가 다릅니다. 하나님 나라를 위해서 일하고 크게 영광 돌린 만큼 다양한 디자인과 소재로 만들어진 옷이 많이 주어집니다. 그래서 몇 벌만 있는 사람도 있고, 수많은 옷이 있는 사람도 있습니다. 또 스스로 옷을 갈아입어야 하는 사람이 있는가 하면, 천사가 주인의 마음을 알아서 갈아입혀 주는 경우도 있습니다.

### 다양한 문양으로 각 사람의 영광을 나타내며

옷의 가짓수와 입는 방식뿐만 아니라 디자인, 색상, 소재, 문양, 장식품까지도 차이 나기 때문에 각 사람의 옷만 보아도 그가 얼마나 하나님을 뜨겁게 사랑하고 충성했는지 알 수 있습니다.

먼저, 색상은 처소에 따라 색의 농도와 배합이 다르고 거기서 나오는 빛이 다릅니다.

예를 들어, 같은 색깔이라도 새 예루살렘에서 사용된 분홍색과 1천층에서 사용된 분홍색은 빛과 색감이 아주 다르지요. 물론 낮은 처소의 색깔이라 해도 이 땅의 것과는 비교할 수 없이 아름다우며, 우리가 상상할 수 있는 이상의 광채가 납니다.

다음으로, 옷의 문양에도 하나님께서는 특별한 의미를 담아 주십니다. 예를 들면 감사의 문양, 찬양의 문양, 기도의 문양, 기쁨의 문양, 영광의 문양 등이 있습니다.

이 땅에 사는 동안에 범사에 감사하며 항상 기뻐하였다면 감사의 문양과 기쁨의 문양을 새겨 주십니다. 찬양의 문양은 찬양 사역자가 아니라 해도 하나님의 은혜와 사랑에 감사하며 중심의 찬양을 올린 사람의 옷에 새겨집니다. 또한 하나님 나라와 의를 위해 생명 다해 기도한 사람의 옷에는 기도의 문양이 새겨집니다.

이 모든 것보다 더 아름답고 찬란한 문양은 영광의 문양으로서, 하나님 나라를 위해 크게 영광 돌린 사람에게 주어집니다. 따라서 이 문양이 새겨진 옷을 입은 사람이 천국에서 가장 존귀한 사람이라 할 수 있습니다.

한 가지 흥미로운 사실은 천국에도 유니폼과 같은 옷이 있다는 점입니다. 천국의 모든 백성이 한데 모여 하나님께 예배를 드리거나 연회를 할 때 어느 시대, 어떤 교회에서 신앙생활했는지에 따라 그룹별로 옷의 색깔과 문양이 구분됩니다. 이 땅의 유니폼처럼 규격화된 똑같은 디자인은 아니지만, 색깔과 문양이 같은 옷을 입음으로써 이 땅에서 어디에 속했었는지를 나타냅니다.

**면류관과 보석이 상급으로 주어져**

천국에서는 옷뿐만 아니라 머리에 쓰는 관이나 머리 장식에서도 각 사람의 상급과 영광을 알 수 있습니다. 상급은 얼마큼 마음이 성결하고 충성, 봉사했느냐에 따라 다르게 주어집니다.

성경에는 여러 종류의 면류관이 나오는데 법대로 경기한 자가 받는 썩지 아니할 면류관(고전 9:25), 하나님께 영광 돌림으로 받는 영광의 면류관(벧전 5:4), 죽도록 충성하는 자에게 주어지는 생명의 면류관(약 1:12 ; 계 2:10), 하나님의 보좌 곁에 둘러선 이십사 장로들이 쓰는 금면류관(계 4:4, 14:14), 그리고 사도 바울이 바라보았던 의의 면류관(딤후 4:8) 등이 있습니다.

이 외에도 금장식관, 꽃으로 장식된 화관, 영롱한 진주로 만들어진 진주관, 투명한 크리스털 위에 갖가지 보석으로 장식된 크리스털관 등 다양한 모양과 크기의 면류관이 예비되어 있습니다.

이러한 면류관뿐만 아니라 여인들에게는 머리의 장식이 따로 있습니다. 옛날 우리나라의 왕정 시대에 왕비, 후궁, 상궁, 무수리의 머리 형태와 장식이 달랐던 것처럼 천국에서도 머리 장식이 처소마다 다릅니다. 낙원에는 면류관이 없을 뿐만 아니라 아무런 장식도 없습니다. 그러나 윗단계로 갈수록 머리핀이나 머리띠 등 더 아름답고 화려한 장식을 받습니다.

새 예루살렘의 여인들은 장식품에 박힌 보석도 가장 화려하고 예쁠 뿐만 아니라 특별히 아름다운 빛깔의 실과 같은 것으로 머리를 꾸미기도 합니다. 반짝거리는 아름다운 색상의 장식줄을 마치 머리카락의 일부인 것처럼 길게 드리워 갖가지 광채가 납니다.

하나님께서 여인들이 남자들보다 머리카락을 소중히 여기고 가꾸는 것을 알기 때문에 세밀한 부분까지도 상급과 영광으로 나타내 주시는 것이지요.

## 3. 천국에서는 무엇을 먹으며 살아갈까?

첫 사람 아담과 하와가 에덴동산에 살 동안에는 씨 맺는 채소와 씨 가진 열매만을 먹었습니다(창 1:29). 씨 맺는 채소란 수박, 참외, 딸기, 멜론, 토마토 등을 말하며, 씨 가진 열매란 나무에 열리는 과일 곧 사과, 배, 포도, 복숭아 등을 말합니다.

그런데 아담이 에덴동산에서 쫓겨난 후에는 밭의 채소를 먹게 되었고, 노아 홍수 이후에는 그만큼 악으로 물든 세상이 되었기 때문에 고기를 먹도록 허락하셨지요. 즉 죄로 가득 차는 만큼 점점 더 악한 음식을 먹게 된 것입니다.

그러면 악이 전혀 없는 천국에서는 과연 무엇을 먹으며 살아갈까요? 혹 '영체도 음식을 먹을까?' 의아하게 생각할 수 있지만 천국에서도 생명수와 함께 여러 종류의 과일을 먹고 흠향하기도 하며 기쁨을 누립니다.

### 천국에서 흠향하는 영체

영체가 과일이나 꽃의 향기를 흡입하는 것을 '흠향한다'고 합니다. 코는 물론 입과 눈, 그리고 온몸으로 흠향할 수 있으며 마음으로도 할 수 있지요.

하나님께서는 영이시므로 흠향합니다. 따라서 구약 시대에는 하나님께서 의인의 제사를 기뻐하시며 그 향기를 흠향한 것입니다(창 8:21). 신약 시대에는 흠도 티도 없이 깨끗하신 주님께서 자신을 희생하여 향기로운 제물이 되어 주셨습니다(엡 5:2). 그래서 더는 짐승을 잡아 제사드릴 필요가 없게 되었습니다.

하나님께서는 우리가 예배드리거나 찬양과 기도를 할 때 마음의 향을 받으십니다. 우리가 주님을 닮아 의인이 된 만큼 그리스도의 향기가 되어 값진 제물로 하나님께서 기뻐 받으시는 것입니다.

마태복음 26장 29절을 보면 주님께서는 부활 승천하신 후 지금까지 2천 년 동안 아무것도 먹지 않고 우리를 위해 중보기도를 하신다는 사실을 알 수 있습니다.

이처럼 천국에서 영체는 먹거나 흠향하지 않아도 살 수 있습니다. 그러나 더욱 큰 기쁨과 행복을 느끼며 영이 충만해지기 때문에 흡향하는 것을 즐거워합니다. 각종 꽃과 과일이 아름다운 향기를 내면 영체는 호흡으로 흡향하며, 똑같은 것을 흡향해도 항상 같은 행복과 만족을 느낍니다.

뿐만 아니라 과일과 꽃의 향기를 영체가 흡향하면 마치 향수를 뿌린 것처럼 몸에 스며들었다가 일정 시간 동안 영체에서 다시 발산됩니다. 이 땅에서 향수를 뿌리면 기분이 좋아지듯이 영체에 향기가 감돌기 때문에 더욱 충만해집니다.

### 음식을 섭취하면 호흡으로 배설해

천국에서는 직접 음식을 먹기도 합니다. 대표 음식으로 각종 과일이 있으며, 생명수로 만든 다양한 음료도 있습니다. 생명 과일만 해도 열두 종류로서 각각 독특한 맛과 향을 내는데, 이 외에도 수없이 많은 종류의 과일이 있습니다.

우리가 이 땅에서 좋아하는 음식을 천국에서도 먹을 수 있을까요? 고기나 빵, 케이크 같은 음식이 천국에 있을까요?

사람들은 흔히 어떤 음식이 먹고 싶을 때 '당긴다'는 표현을 합니다. "고기가 당긴다. 매운 음식, 단 음식이 당긴다."는 것입니다. 자신의 필요와 입맛에 따라 어떤 성분의 음식을 먹고 싶어 하는 것이지요. 그럴 때 그 음식을 섭취해 주면 몸이 더 강건해지기도 하고 심적으로 행복을 느낍니다.

그런데 우리가 천국에 가면 온전한 영체로 변화되기 때문에 이 땅에서 먹었던 육의 음식은 그리 먹고 싶은 마음이 들지 않습니다. 과일과 음료만 마셔도 충분히 포만감과 행복을 느낄 수 있기 때문입니다.

그러나 가끔 경작되던 시절을 회상할 때 특별히 기억에 남는 음식을 다시 맛보고 싶으면 그것을 흉내 내어 비슷하게 만들어 먹을 수 있습니다. 물론 천국의 과일이나 음료가 훨씬 맛이 좋으므로 그것을 즐겨 먹지는 않습니다.

성경을 보면 부활한 주님께서 제자들에게 나타나 음식을 드셨지요(요 21:12~15). 주님께서 음식을 드신 것은 배가 고파서가 아니라 제자들과 함께 기쁨을 나누며 천국에서도 음식을 먹는다는 사실을 알려 주기 위해서입니다.

천년왕국 때와 마찬가지로 천국에서는 음식을 먹으면 즉시 분해되어 호흡과 함께 배설됩니다. 섭취한 음식이 호흡과 함께 자연스럽게 밖으로 배출되어 향기로 있다가 사라지니 얼마나 편하고 신기한 일입니까! 당연히 냄새나는 화장실도 필요 없습니다.

예수님께서는 누가복음 22장 30절에 "너희로 내 나라에 있어 내 상에서 먹고 마시며 또는 보좌에 앉아 이스라엘 열두 지파를 다스리게 하려 하노라" 말씀하십니다.

이는 자신의 모든 것을 버리고 오직 예수님을 따르며 제자의 길을 가는 사람들에게 약속하신 축복의 말씀입니다.

이처럼 천국에서 주님과 함께 먹고 마시는 영광을 얻는 사람이 있는가 하면, 자신의 집에 있는 멋진 식탁에서 천사들의 섬김을 받으며 크리스털 그릇에 담긴 과일을 먹기도 합니다. 이와 달리 천사들이 따 놓은 과일을 직접 갖다가 먹는 경우도 있습니다. 그러한 과일의 맛과 질도 천국의 처소에 따라 차이가 납니다.

## 4. 천국의 교통수단

우리는 천국에 사는 동안 하나님께서 지으신 신비롭고 아름다운 곳곳을 여행할 수 있습니다. 이 땅에서도 각 나라 구석구석까지 구경한다면 꽤 오랜 시간이 걸릴 것입니다.

하물며 지구와 비교할 수 없이 광활한 천국을 다 돌아보기 위해서는 얼마나 오랜 시간이 걸리겠습니까? 이 땅의 시간 개념으로는 헤아릴 수 없을 만큼 오랜 시간이 걸리지요.

### 즐거운 천국 여행

천국에서는 어디를 가든지 새롭고 색다른 아름다움이 있습니다. 이 땅에서는 아무리 좋은 경치를 본다 해도 새로운 환경, 곧 다른 기후와 음식이나 수질 등에 적응해야 합니다. 또 여행할 때에는 자동차나 기차, 비행기 등을 장시간 타야 하기 때문에 아무

래도 몸이 피곤하고 지칩니다. 그러나 천국의 온전한 영체는 아무리 오래 여행을 해도 피로하지 않으며, 마음이 변함 없으므로 같은 여행지를 다시 간다 해도 싫증이 나거나 지루하지 않습니다. 또한 온전한 영체는 무게가 있는 듯 없는 듯 아주 가벼워서 오랫동안 걷는다 해도 발에 물집이 생기거나 붓지 않으며, 빠른 속도로 달려도 전혀 숨이 가쁘지 않습니다.

그러면 우리가 천국에서 천사처럼 날아다닐 수도 있을까요? 그렇지는 않습니다. 하지만 깃털처럼 가벼운 상태가 되어 사뿐사뿐 걸으며, 만일 넓이 뛰기나 높이 뛰기를 한다면 이 땅에서보다 훨씬 멀리, 높이 뛸 수 있습니다.

물론 영체를 입고 나는 때가 전혀 없는 것은 아닙니다. 이 땅에서 목숨이 다하여 영혼이 육을 떠나면 영체가 날아서 윗음부로 가며, 주님께서 공중 강림하실 때 살아서 주님을 영접하는 영혼들은 홀연히 신령한 몸으로 변화되어 부활체로 공중 혼인 잔치하는 곳까지 날아갑니다.

### 천국의 교통수단

천국에서도 여행하거나 다른 처소로 이동할 때에는 교통수단을 이용하는데, 매우 안락합니다. 천국 열차와 같은 대중 교통수단도 있고, 구름 자가용이나 황금 마차와 같은 개인용도 있습니다.

천국 열차는 오색찬란한 보석으로 장식되었으며, 철로가 없어도 목적지까지 갈 수 있고, 열차 내부도 탑승자들이 최상의 안락함과 즐거움을 느낄 수 있게 준비되어 있습니다.

만일 낙원에 있는 성도들이 새 예루살렘 성에 초대되면 천국 열차를 타고 가게 됩니다. 그 거리가 매우 멀기 때문입니다. 그러나 천국 열차는 공중을 날아가므로 땅 위를 달리는 것보다 훨씬 빠르게 이동합니다. 밝은 빛을 뚫고 공중을 나는 열차의 창밖으로 아름답게 펼쳐진 풍경을 구경하면서 곳곳을 여행하지요.

새 예루살렘 황금 마차에는 하얀 날개가 달려 있고 마차 안쪽으로 버튼이 하나 있는데, 그것을 누르면 주인이 원하는 대로 달리기도 하고 날기도 하는 등 자유자재로 움직입니다.

천국에서는 '구름'도 교통수단으로 이용됩니다. 영체가 구름을 타고 다니면 더 빛이 날 뿐 아니라 위엄과 권세, 영화로움이 느껴집니다. 주님께서 다시 오실 때 구름을 타고 오신다고 했는데(눅 21:27), 이는 영광의 구름을 타고 오시는 것이 훨씬 더 위엄과 권세가 있고 아름답게 보이기 때문입니다.

중국 소설 '서유기'를 읽다 보면 손오공이 구름을 타고 하늘을 나는 장면이 나오는데 천국에는 이보다 멋지고 신기한 '구름 자가용'이 있습니다. 교통수단으로 사용되는 이 구름은 수증기로 만들어진 것이 아니며, 하나님께서 천국에 있는 영광의 구름으로 만들어 합당한 자녀에게 상급으로 주십니다. 주로 천사가 운

전하며, 혼자 탈 수 있는 개인용이 있는가 하면 여러 사람과 함께 탈 수 있는 단체용도 있습니다.

'구름 자가용'은 소유한 자체만으로도 영광과 권세를 나타냅니다. 새 예루살렘에 들어가는 성도라면 누구에게나 개인용을 주지만, 3천층에는 공용만 있어서 여러 사람이 함께 이용합니다. 물론 공용이라도 3천층의 영혼이 필요할 때에는 언제든지 이용할 수 있지요. 그런데 2천층 이하에 사는 성도는 특별히 허락받기 전에는 구름 자가용을 타 보기가 쉽지 않습니다.

새 예루살렘 성에 들어간 성도는 마음껏 구름 자가용을 타고 주님과 함께 이곳저곳을 여행할 수가 있는데 이때 천군 천사가 호위합니다. 새 예루살렘 성의 성도가 골프를 할 때, 필드를 옮기고자 하면 조각구름이 발밑에 와서 대기하다가 주인이 올라타면 원하는 곳으로 옮겨 줍니다.

### 천국에서의 통신 방법

천국에서는 서로 어떻게 연락을 할까요? 어떤 기계나 장비를 이용하는 것이 아닙니다. 특히, 새 예루살렘에서는 영과 영이 밝히 통하므로 약속이나 모임을 갖고자 할 때 길게 설명하지 않고 몇 마디만 해도 그 속에 담긴 의미를 정확하게 이해합니다.

"어느 지점에서 언제 만나자."고 한 번만 얘기하면 생소한 장소라 해도 정확히 마음의 주관을 받아 찾아갈 수 있고, 또한 천사의 인도를 받아 갈 수도 있습니다. 새 예루살렘의 성도들은 새 예루살렘이라는 공간에 들어가면서부터 약속을 잘 지키게 된 것이 아닙니다. 이 땅에 살 때에도 약속이나 시간을 잘 지키는 것이 몸에 배었으며, 어떠한 경우에도 실례하지 않고 먼저 상대를 배려하는 것이 생활화되었지요.

개인적인 만남뿐 아니라 소규모 모임을 가질 때에도 마찬가지입니다. 몇몇 성도가 모임을 갖기 위해 "주님의 집에 있는 정원의 가장 아름다운 꽃이 있는 곳에서 만나요." 하고 약속했다고 합시다. 그러면 새 예루살렘에 있는 성도들은 어떤 꽃이 가장 아름다운지 모두 똑같이 느끼고 주관받기 때문에 정확하게 그 장소를 찾아갈 수 있습니다.

그런데 1천층의 성도가 그 모임에 온다면 "주님의 집에 있는 여러 정원 중에서 어떤 정원에 이런 빛깔과 향을 내는 꽃이 있으니까 그 꽃을 찾아서 오세요." 하고 구체적으로 알려 줘야만 찾아갈 수 있습니다.

새 예루살렘의 성도들은 마음 자체에서 네비게이션(길도우미)의 역할이 자동으로 이뤄지지만, 낮은 처소의 성도일수록 마음에서 주관받는 정도가 희미하기 때문에 일일이 물어 보고 확인해야 합니다. 이것이 간혹 있는 일이라면 괜찮겠지만, 항상 이와 같다면 피차에 애로가 있을 것입니다.

이 모든 것을 잘 아시는 하나님께서는 모두에게 최고의 행복과 평안함을 주기 위해 각 사람의 믿음의 분량에 따라 낙원부터 새 예루살렘에 이르기까지 처소를 구분하실 수밖에 없는 것이지요.

## 5. 천국에서는 어떤 오락을 즐길까?

사람들이 각종 취미 생활로써 자신의 재능을 개발하며 삶을 풍요롭게 하는 것처럼 천국에서도 취미 생활을 즐깁니다. 이 땅에서 즐겨했던 것은 물론, 하고 싶은 마음은 있으나 하나님의 일을 하느라 절제한 것들도 마음껏 할 수 있으며 새로운 것도 배워 나갑니다.

### 각종 취미 생활과 게임을 즐기며

만일 하프, 피아노, 바이올린, 플루트 등 배우고 싶은 악기가 있다면 모두가 지혜로워서 금방 배우고 익히므로 연주하기까지 오랜 시간이 걸리지 않습니다.

이외에도 각종 스포츠가 있는데, 레슬링이나 권투처럼 상대에게 해를 줄 수 있는 격투기 종목은 하지 않으며, 주로 일정한 룰에 의해 개인이나 팀의 실력을 겨루는 경기를 합니다. 배구, 농구, 축구, 야구, 테니스 등으로 팀의 실력을 겨루거나 스키, 골프, 볼링, 수영 등의 경기로 개인의 실력을 겨루기도 하지요.

또한 행글라이딩이나 윈드서핑, 요트 같은 스포츠도 얼마든지 즐길 수 있으며 금방 터득할 수 있고, 실수를 해도 사고의 위험이 없습니다.

스포츠 시설이나 운동기구들은 전혀 위험하지 않고 신기한 재료와 황금 보석으로 장식되어 운동을 할 때에 기쁨과 행복을 더해 줍니다. 또한 운동기구들이 이용하는 사람의 마음을 알아서 그에 맞추어 즐거움을 더해 주기도 합니다. 예를 들어, 볼링공이나 핀은 경기하는 사람이 좋아하는 색상으로 바뀌기도 하며 위치나 거리가 자동으로 조절됩니다. 그리고 공을 던지면 볼링 핀은 아름다운 빛과 함께 경쾌한 소리를 내며 쓰러집니다.

천국에서는 이기기 위해 상대를 짓밟고 올라서고자 하는 악이 없기 때문에 상대에게 더 큰 즐거움과 유익을 준다는 자체가 게임에 이기는 것입니다. '승부를 가리지 않는 게임이 무슨 의미가 있단 말인가?' 의아해할 수도 있으나 천국은 서로 경쟁하여 승리로써 기쁨을 얻는 세계가 아니며 단지 시합하는 자체에서 기쁨을 얻습니다.

물론 선의의 경쟁으로 즐거움을 누리는 시합도 있습니다. 가령, 여러 가지 꽃향기를 맡아와 다시 내뿜으며 자랑합니다. 얼마나 많이 내뿜어 얼마나 많은 사람을 기쁘게 해 주었느냐에 따라, 또는 얼마나 여러 향을 조화롭게 배합했느냐에 따라 각각 점수를 매겨 승부를 가립니다. 이처럼 승부를 가리는 시합이라 해도 다른 이에게 얼마나 더 유익과 즐거움을 끼치는지 경쟁하는 것이지요. 경기를 통해 상대에게 즐거움을 주고 하나님의 기쁨이 되는 것입니다.

**다양하고 흥미 있는 오락과 놀이기구가 있어**

오락을 좋아하는 사람 중에는 "천국에도 오락실이 있습니까?" 하고 묻는 경우가 있습니다. 물론 이 땅의 것보다 더 좋고 다양한 오락 기구가 있습니다. 더구나 천국의 오락은 이 땅의 전자오락처럼 피로를 주거나 시각장애를 일으키는 일이 없습니다. 오히려 우리의 정서에 좋은 영향을 주며 지속적인 흥미를 갖게 합니다.

어린아이들은 대부분 인형을 좋아하는데 만일 하나님을 더 사랑하여 갖고 싶은 마음을 포기했다면 천국에서는 인형보다 훨씬 더 좋은 것으로 받습니다. 이 땅의 인형과 같은 역할을 하되 말을 하고 주인의 마음을 알아서 맞춰 주는 천사를 받을 수도 있고, 사랑스런 애완동물을 받을 수도 있습니다.

그리고 천국에는 디즈니랜드와는 비교도 할 수 없을 만큼 규모가 큰 놀이동산이 있는데 이 땅의 것보다 훨씬 다양하고 흥미진진한 것들을 갖추고 있습니다.

천국에서는 온전한 영체를 입어 두려움이 없기 때문에 바이킹이나 궤도열차(롤러코스터)와 같은 놀이기구를 탈 때에 공포감이 전혀 들지 않습니다. 다만 흥미진진한 스릴을 느끼고 그만큼 기쁘고 즐겁습니다. 따라서 이 땅에서 고소 공포증이 있어 놀이기구를 타지 못하던 사람이라 해도 마음껏 즐길 수 있습니다. 혹시 놀이기구에서 이탈한다 해도 영체이니 추락해서 몸이 상할 리 없으며, 사뿐히 착지하거나 천사가 받쳐 줄 것이므로 아무 염려가 없습니다.

### 6. 천국에서의 예배와 교육, 문화생활

천국에서는 의식주를 위해 땀 흘리며 수고해야 할 필요가 전혀 없습니다. 그래서 '영원한 세월 동안 무엇을 하며 지낼까, 무위도식하며 살아가면 무기력해지진 않을까?' 염려할 수도 있으나 조금도 걱정할 필요가 없습니다.

천국에는 영원히 행복하고 즐겁게 할 수 있는 일이 매우 많기 때문입니다. 각종 오락과 게임 외에도 교육과 예배, 연회와 축제, 여행과 운동 등 신나고 즐거운 일이 무수히 기다리고 있습니다. 어떤 것도 의무적으로가 아니라 자발적으로 하며 모든 것에 행복이 넘쳐나니 누구나 기쁨으로 하게 됩니다.

**창조주 하나님 앞에 기쁨으로 예배를 드리고**

이 땅에서 정해진 시간에 하나님 앞에 예배드리며 경배하는 것처럼 천국에서도 항상 일정한 시간에 예배를 드립니다. 물론 설교는 하나님께서 하십니다. 그 설교를 통해 하나님의 근본과, 태초부터 영원까지의 영의 세계에 관해 자세히 배워 나갑니다.

일반적으로 공부를 잘하는 사람은 수업시간이 기다려지고 선생님을 보고 싶어 합니다. 신앙 안에서도 하나님을 사랑하고 영혼이 잘되어 신령과 진정으로 예배드리는 사람은 예배 시간을 기다리며 말씀을 전하는 목자의 음성 듣기를 사모합니다.

마찬가지로 천국에 가면 하나님께 예배드리는 것을 즐거워하고 하나님 말씀을 간절히 사모하고 기다립니다. 때로는 주님의 말씀을 듣는 시간도 있습니다. 또한 하나님께 찬양을 드리기도 하는데 이 세상의 언어가 아니라 새 노래로 찬양합니다.

이 땅에서 한 교회를 이루었던 성도는 자신들이 섬긴 목자를 중심으로 함께 예배를 드리고 정겨운 교제를 나누기도 합니다. 함께 신앙생활을 하며 어려운 연단의 시절을 이겨낸 성도들은 천국에서도 사이가 각별하여 늘 함께하는 것입니다.

사람마다 믿음의 분량대로 천국의 처소가 다른데 어떻게 함께 예배를 드릴까요? 오늘날 인공위성으로 어떤 행사나 사건이 전 세계에 동시에 보도되는 것처럼, 천국에도 이러한 시스템이 적용됩니다. 그래서 새 예루살렘 성의 예배에 다른 처소에서도 동참할 수 있습니다.

천국의 방송 시스템은 이 땅에서처럼 복잡한 장비가 동원되는 것이 아니며, 천사들이 하늘에 천과 같은 것을 펼치기만 하면 화면이 됩니다. 각 처소에 따라 조명과 색상이 가장 알맞게 조절되기 때문에 어디에서든 실제 현장에 있는 듯한 느낌을 받습니다.

처소에 따라 빛이 조절되는 이유는 만일 새 예루살렘에서 말씀하시는 하나님의 모습을 아무런 빛의 조절 없이 화면에 그대로 내보낸다면 3천층 이하의 성도들은 눈이 부셔서 볼 수 없기 때문입니다. 빛의 세기를 조절하여 각 처소 성도의 눈에 알맞은 화면으로 하나님 모습이 나간다 해도 2천층 이하의 성도들은 자기 양심에 비추어 하나님의 얼굴을 똑바로 쳐다보지 못합니다.

하나님께서 인도하시는 예배 외에도 주님 혹은 모세나 사도 바울 등 믿음의 선진을 초청하여 예배드릴 수도 있습니다. 영계의 질서에 따라 존귀한 분들을 초청하려면 그만한 영적 자격이 있어야 합니다.

### 새로운 세계를 배우며

하나님의 자녀들은 이 땅에서 인간 경작을 받는 동안 영적인 것을 많이 배우지만, 진정한 배움은 장차 천국에 들어가서 본격적으로 이뤄집니다.

하나님의 나라는 영원무궁하기 때문에 아무리 많이 배운다 해도 태초부터 계신 창조주 하나님에 대하여 완전히 배울 수는 없습니다. 영원 전부터 계셔서 영원까지 우주 만물을 주관하는 하나님의 무한한 깊이를 다 알기는 어렵지요. 우리가 끝없는 영적 세계에 들어가면 진정 배워야 할 것으로 가득함을 실감하며, 천국에서의 배움이 이 땅에서와 달리 즐겁고 재미있다는 사실을 깨닫습니다.

천국에서의 배움은 의무적이 아니고 시험을 치르는 것도 아니며 이해하지 못하는 것이 없습니다. 또 한 번 배운 것은 영원히 잊지 않으므로 전혀 힘들지 않습니다. 더욱이 말씀을 들을 때에 눈앞에 대형 입체 영상이 펼쳐지며 음향도 뛰어나 실제 현장에 있는 듯한 느낌을 받습니다.

예를 들어, 천지창조 당시 "빛이 있으라." 하시는 하나님의 근본의 소리가 울려 퍼짐과 동시에 빛이 생성되고 빛과 어둠이 나뉘는 장면이나, 물 가운데 궁창이 생김으로 물과 물이 나뉘는 장면이 눈앞에 펼쳐진다면 얼마나 감동적이겠습니까. 이처럼 천국에서는 흥미진진한 배움이 계속되니 지루하거나 따분할 틈이 전혀 없습니다.

### 각종 연회와 공연으로 기쁨과 행복을 더하고

천국에서는 늘 각종 연회와 공연이 열리는데, 연회는 천국 생활의 즐거움의 극치라 할 수 있습니다. 천국의 풍요와 자유, 아름다움과 영광을 한눈에 보며 기쁨을 누릴 수 있는 자리이기 때문입니다.

연회가 열리면 가장 아름다운 옷을 입고 면류관으로 단장한 후 특별한 공연을 보고 즐기며, 사랑하는 사람과 함께 춤을 추기도 합니다. 설령 춤을 잘 추지 못하는 사람이라도 금방 배워 유연하게 출 수 있지요.

천국 연회는 종류가 다양하고, 처소에 따라 규모와 수준이 다릅니다. 특히 새 예루살렘에서 처음으로 열리는 연회가 있는데, 이때 하나님께서는 천국 각 처소에 있는 영혼을 초대하십니다. 이에 새 예루살렘과 3천층의 영혼들은 모두 참석할 수 있지만, 2천층, 1천층, 낙원의 성도들은 각 처소에서 대표성을 띤 일부만 참여합니다.

다른 처소의 성도들이 새 예루살렘의 연회에 참석할 때에는 먼저 합당한 옷으로 갈아입습니다. 처소마다 영체의 빛이 다르며, 또한 연회의 격에 맞는 예복을 입어야 하기 때문입니다. 그래서 다른 처소의 성도들이 옷을 갈아입을 수 있는 장소가 따로 마련되어 있습니다. 그곳에는 옷이 무수히 준비되어 있으며 원하는 대로 천사들이 갈아입혀 줍니다.

하지만 낙원에서 온 성도들은 천사의 도움을 받지 못하고 자신이 직접 갈아입어야 합니다. 새 예루살렘의 눈부신 옷을 갈아입으면 그 영광스러움에 말할 수 없는 감동을 받습니다.

이 땅의 잔치에서 빠질 수 없는 것이 춤과 노래이듯이 천국 연회에도 춤과 노래가 중요한 부분을 차지합니다. 천사들이 춤을 추거나 각종 악기를 연주하고 찬양을 합니다.

그러나 하나님께서 더 기쁘게 받으시는 것은 자녀들의 찬양과 춤과 연주입니다. 그래서 새 예루살렘에는 이 땅에서 찬양이나 연주 등 예능 분야에서 하나님께 영광 돌린 자녀들을 위한 특별한 공연장도 있습니다.

미국 뉴욕의 카네기홀이나 매디슨스퀘어 가든, 호주 시드니의 오페라 하우스보다 멋지고 큰 공연장이 있어서 수시로 훌륭한 공연을 펼칩니다. 자신의 실력을 뽐내려는 것이 아니라, 오로지 하나님께 영광 돌리고 주님과 성도들에게 기쁨과 행복을 주려는 목적이지요.

그런가 하면 영화관이 있어 영화를 관람할 수 있습니다. 1천층이나 2천층에서는 주로 대중 극장에 여러 사람이 모여 영화를 관람하지요. 하지만 3천층 이상에서는 각자의 집에 영화를 상영할 수 있는 시설을 갖추고 있으므로 사랑하는 사람들을 초청해서 오붓하게 다과를 나누며 영화를 감상할 수 있습니다.

천국은 영의 세계로서 우리가 이해할 수 없고 상상할 수도 없는 아름답고 신비한 일이 매우 많으며 이 땅에서 맛볼 수 없는 행복과 기쁨이 가득합니다.

하나님께서는 우리가 이처럼 아름다운 세계에서 세세토록 왕 노릇 하며 살아가도록 천국을 예비하고 합당한 자격을 갖추도록 끊임없이 권면하십니다.

chapter 6

# 부끄러운 구원을
# 받은 영혼이
# 들어가는 낙원

이 땅과 비교할 수 없이 아름답고 행복한 낙원
낙원에는 어떤 영혼이 들어가는가?

·
·
·

예수께서 이르시되
내가 진실로 네게 이르노니
오늘 네가 나와 함께
낙원에 있으리라 하시니라


눅 23:43

낙원은 간신히 구원받을 믿음을 지닌 영혼들이 들어가는 처소로서 하나님 보좌에서 가장 멀리 떨어진 곳입니다. 그만큼 하나님의 영광의 빛이 약하며 천국의 처소 중 가장 낮은 단계에 속합니다.

낙원의 가장자리는 백보좌 대심판(계 20:11, 12)이 있을 때까지 천국의 대기 장소로 활용됩니다. 온 영을 이루어 새 예루살렘성에 들어간 영혼들을 제외하고는 창세 이래 구원받은 무수한 영혼이 낙원의 가장자리에 머물고 있습니다.

## 1. 이 땅과 비교할 수 없이 아름답고 행복한 낙원

낙원의 일부가 천국의 대기 장소로 사용되므로 낙원의 크기는 실로 상상을 초월할 만큼 크고 넓습니다. 이처럼 광활한 낙원은 비록 천국의 여러 처소 중 가장 낮은 단계에 속하지만 이 땅과는 비교할 수 없이 아름답고 행복한 곳입니다. 더구나 인간 경작을 거쳐 구원받은 영혼들이 있는 곳이므로 에덴동산보다 훨씬 행복하고 기쁨이 넘쳐납니다.

### 광활한 초원에 생명수 강이 유유히 흐르고

낙원은 초원과 같이 잘 정비된 잔디밭과 아름답게 꾸민 정원이 많습니다. 수많은 천사가 이를 가꾸며 단장하지요.

새들이 지저귀는 소리는 매우 맑고 깨끗하며 낙원 전체에 울려 퍼집니다. 낙원의 새는 이 땅의 새와 모습이 흡사하지만 몸집은 약간 더 크고 아름다운 색깔의 깃털을 지녔습니다. 서로 무리지어 예쁘게 지저귀는 모습은 참으로 사랑스럽고 정답게 보입니다.

또한 정원에 있는 나무와 꽃 역시 싱그럽고 아름답습니다. 이 세상의 나무나 꽃은 시간이 흐르면 시들고 썩지만 낙원의 나무는 항상 잎사귀가 푸르고 꽃도 결코 시드는 법이 없습니다. 사람이 가까이 다가가면 꽃들은 반갑게 흔들기도 하고 꽃잎을 오므렸다 펴면서 각기 독특하고도 그윽한 향을 냅니다.

싱그러운 나무에는 온갖 종류의 과일이 풍성하게 달려 있는데 이 땅의 것보다 약간 더 큽니다. 반짝반짝 빛이 나며 윤기가 흘러 아주 먹음직스럽게 보이며 먼지나 벌레가 없으니 먹을 때에 껍질을 벗길 필요도 없습니다.

비단결처럼 보드라운 잔디밭에 둥그렇게 둘러앉아 담소하는 사람들과 그 옆에 풍성한 과일 바구니가 놓인 모습은 얼마나 평화롭고 행복해 보이는지요.

드넓은 초원에는 각종 동물이 노니는데 그중에는 한가로이 풀을 뜯는 사자도 있습니다. 이 땅의 사자보다 훨씬 크지만 조금도 사납지 않고 온유하며, 털이 깨끗하고 윤기가 나서 매우 사랑스러워 보입니다. 천국의 동식물은 하나님의 자녀들을 보면 그 마음을 알아 반기며 사랑과 존경을 표현하여 즐거움을 더해 줍니다.

수정같이 맑고 깨끗한 생명수 강이 새 예루살렘 성에서부터 낙원에 이르기까지 천국 전체를 흐르는데 증발하거나 오염되는 일이 없습니다. 생명수 강가 양쪽으로 길게 펼쳐진 정금길에는 아름다운 벤치가 놓여 있으며 그 주변에는 다달이 과실을 맺는 생명나무가 있습니다. 생명나무 과일은 매우 향기롭고 형용할 수 없을 만큼 맛이 좋으며 입에 대면 솜사탕처럼 사르르 녹아듭니다.

### 상급으로 주어지는 개인 소유는 없지만 행복이 넘쳐

천국에서 남자들은 모두 머리카락이 목선까지 내려오지만 여자들은 머리카락이 성결의 정도를 나타내므로 길이가 다릅니다. 온 영을 이룬 여인의 머리카락은 척추 끝까지 내려온다 했지요. 성결을 이루면 그 자체가 영광스런 일이므로 여인의 머리카락은 상급의 의미로도 볼 수 있습니다. 길수록 더 큰 상급이 되는 것입니다.

그런데 낙원의 여인들은 성결을 이루지 못함은 물론 상을 쌓은 것이 없으므로 단지 남자들보다 조금 더 길게 내려와 어깨 선에 닿을락말락 할 정도입니다. 또한 통으로 된 흰옷을 입고 있으며 옷에 장식하는 브로치나 머리에 장식하는 핀, 면류관 등이 없습니다. 이 땅에서 신앙생활하는 동안 하나님 나라를 위해 행한 것이 없기 때문입니다.

이처럼 낙원에 들어간 사람은 상급이 없기 때문에 개인 소유의 집이나 장식품이 없으며 자신에게 속하여 시중 드는 천사도 없습니다. 다만 함께 쉴 수 있는 공공건물이 있어서 그 안에서 서로 섬기며 살아갑니다. 마치 이 땅의 복지관 같은 이 건물 안에는 한 사람만 들어가서 쉬는 작은 방도 있고, 여러 명이 함께 들어가 쉬는 큰 방도 있습니다.

비록 한 사람만 들어가 쉬는 방이라 해도 개인 소유가 아니므로 자기 취향에 맞춰 꾸밀 수 없으며, 오랫동안 머무르거나 독차지할 수도 없습니다. 일정 시간 동안 쉬었으면 다른 사람을 위해 비워 줘야 하며, 다른 사람의 입장에서는 자리가 비기까지 기다리는 경우도 있는 것입니다. 그러나 천국에서는 서로 섬기고 배려하며 모든 것이 질서 있게 운영되기 때문에 설령 기다린다 해도 그 시간이 길지 않으며 대기하는 장소도 편안하게 준비되어 있습니다.

낙원에 개인 집이 없고 복지관 같은 공공건물에서 쉰다는 점에서는 에덴동산과 비슷합니다. 하지만 낙원에 있는 사람들은 예수 그리스도를 영접하여 성령을 선물로 받고 하나님을 아바 아버지라 부를 수 있으니 에덴동산과는 비교할 수 없는 행복을 느끼며 살아갑니다.

비록 낙원에서 공동생활을 하면서 산다고 해도 천국에는 악이 없으며 서로 상대의 유익을 구하기 때문에 진리 안에서 행복과 즐거움이 넘쳐납니다. 서로 피해를 주거나 힘들게 하는 일이 없으며 오직 섬기고 사랑하며 기쁘게 살아갑니다.

더구나 의식주 문제로 걱정할 필요가 없고, 요한계시록 21장 4절에 "모든 눈물을 그 눈에서 씻기시매 다시 사망이 없고 애통하는 것이나 곡하는 것이나 아픈 것이 다시 있지 아니하리니" 말씀한 대로 슬픔, 질병, 고통, 사망이 없으니 그 자체만으로도 행복합니다.

### 낙원의 생활과 서열

천국에 들어가는 영혼에게는 모두 서열이 있습니다. 영으로 일군 정도와 상급에 따라 정확하게 정한 것이지요. 그런데 낙원에서는 천국의 다른 처소와 서열의 개념이 조금 다릅니다. 1위, 2위, 3위 순으로 정확하게 가려지는 것이 아니라 크게 상, 중, 하위 그룹으로 구분됩니다.

상위 그룹 안에서도 다시 선두, 중간, 하위 그룹으로 나뉘고, 중위 그룹 안에서도 마찬가지로 세 부류로 나뉩니다. 같은 낙원이라도 서열에 따라 주된 거주 영역이 1천층에 가까운 곳과 중간 지점, 가장자리로 구분되는 것입니다.

또한 상위 그룹에 해당하는 영혼들은 중, 하위 그룹의 영혼들을 관리합니다. 이들은 낙원의 일반 영혼들과 다른 특별한 옷을 입으며, 이들에게 모든 것이 우선적으로 배려됩니다.

한 예로, 천사들이 낙원의 하늘에 크고 넓은 천을 펼쳐 새 예루살렘의 예배 실황을 볼 때 앞부터 상, 중, 하위 그룹 순으로 앉습니다. 물론 뒷좌석이라서 화면이 잘 안 보이거나 소리가 잘 들리지 않는 것은 아니지만 앞좌석일수록 더욱 생생한 예배 실황을 느낄 수 있습니다.

이 밖에도 낙원의 전반적인 생활에서 상위 그룹 영혼들은 공동 시설을 우선적으로 이용할 수 있는 약간의 혜택을 받습니다. 낙원에 들어가는 영혼이라면 모두 부끄러운 구원을 받은 것인데도 하나님께서는 그중에서 조금이라도 더 잘한 영혼에게 그 행한 대로 갚아 주시는 것입니다. 하나님의 공의가 얼마나 정확하며 그 사랑이 큰지 깨달을 수 있지요.

이처럼 상위 그룹에게 어떤 특혜를 준다 해도 천국에는 시기 질투가 없으니 모두 함께 기뻐합니다. 낙원의 상위 그룹 중에서 극히 일부는 아주 드물게 새 예루살렘의 행사에 초대되기도 합니다. 하지만 새 예루살렘과 낙원에 있는 영혼은 영광의 빛이 너무 차이 나므로 대부분 민망하여 잘 가지 못합니다. 혹 간다 해도 일정한 순서와 기간 동안만 방문할 수 있습니다.

그곳에 들어가는 것도 3천층에 있는 영혼이 먼저이고 2천층, 1천층, 낙원 순서이며, 먼저 들어온 순서대로 자리를 잡기 때문에 낙원에서 온 영혼들은 자연히 맨 끝에 앉게 되지요. 이는 영적 서열상 당연할뿐더러 거리상으로도 낙원이 가장 멀기 때문에 늦게 도착할 수밖에 없습니다.

그래도 아름다운 새 예루살렘을 구경하고 즐길 수 있다는 자체로 행복해하며 초대받은 것만도 기쁘고 감사하게 여깁니다. 다시 낙원에 돌아온 후에도 그 충만함을 잊지 못하며 감동을 다른 영혼들에게 들려 주는 것이 굉장히 영광스럽습니다.

### 2. 낙원에는 어떤 영혼이 들어가는가?

낙원은 하나님의 사랑과 긍휼 가운데 마련된 처소입니다. 하나님의 자녀라 부르기에 부끄럽지만 그래도 하나님을 알고 예수 그리스도를 믿었기 때문에 차마 지옥으로 보내기에는 안타까운 영혼들을 위해 준비된 곳입니다.

**죽음 직전에 회개하고 주님을 영접하여 구원받은 경우**

낙원은 예수님께서 십자가에 달렸을 때 함께 달린 한 편 강도처럼 죽음 직전에 회개하고 주님을 영접함으로써 구원받은 사람이 들어가는 천국입니다.

누가복음 23장을 보면 예수님이 십자가상에서 운명할 때 두 강도가 예수님의 좌우편에 못 박힌 것을 알 수 있습니다. 그때 한 편 강도는 예수님을 비방하였으나 다른 편 강도는 그를 꾸짖으며 회개하고 예수님을 구세주로 영접하였습니다.

그러자 예수님께서는 회개한 강도에게 "오늘 네가 나와 함께 낙원에 있으리라" 말씀하며 구원받았다는 사실을 알려 주셨지요. 이 강도는 예수님을 구세주로 영접했을 뿐 죄악을 버린 것이 아닙니다. 말씀대로 살아간 사람도 아닙니다. 죽음 직전에 주님을 영접했으니 말씀을 듣고 배우며 깨우쳐 행할 수 있는 시간 역시 없었습니다.

이처럼 예수 그리스도를 영접했지만 하나님의 나라와 의를 위해서 아무 수고 한 것이 없는 사람에게 예비된 천국이 바로 낙원입니다.

그렇다고 해서 '죽음 직전에 주님을 영접하기만 하면 구원받아 낙원에 들어갈 수 있으니 나도 그렇게 해야 되겠구나!'라고 한다면 이는 아주 잘못된 생각입니다.

회개한 강도가 죽지 않고 신앙생활을 할 수 있는 시간이 있다면 주님을 배반하지 않고 끝까지 사랑할 수 있는 선한 중심임을 아셨기 때문에 하나님께서 구원을 허락한 것입니다.

그러나 누구나 죽음 직전에 주님을 영접할 수 있는 것은 아니며 믿음이 그렇게 순식간에 주어지는 것도 아닙니다. 따라서 회개한 한 편 강도와 같이 죽음 직전에 구원받는 경우는 매우 드뭅니다.

부끄러운 구원을 받는 사람들은 대부분 자기 마음대로 세상과 짝하며 살았기 때문에 여전히 죄를 갖고 있는 상태입니다. 믿음으로 행한 것이 없지만 예수 그리스도를 영접하여 낙원에서 영생 복락을 누리니 이들은 그 사실만으로도 영원히 하나님께 감사하며 살아갑니다. 처참한 형벌이 기다리는 지옥에 떨어지지 않고 구원받은 사실만으로도 기쁘고 행복한 것이지요.

### 믿음의 1단계에서 성장이 없이 머문 경우

예수 그리스도를 영접하고 믿음의 성장 없이 '믿음의 1단계'에 머물러 있다가 구원받은 경우에도 낙원에 들어갑니다. 초신자라면 믿음이 성장할 시간이 짧았다는 이유라도 댈 수 있지만, 오랫동안 신앙생활을 했는데도 계속 믿음의 1단계에 있다가 낙원에 들어갔다면 이는 더욱 부끄러운 구원이 됩니다.

성경상의 인물로는 아브라함의 아내 '사라'가 이에 해당합니다. 창세기 23장 1절에 "사라가 일백이십칠 세를 살았으니 이것이 곧 사라의 향년이라" 했으니 175세를 살았던 아브라함에 비하면 사라는 비교적 일찍 삶을 마감한 것을 알 수 있습니다.

아브라함은 인간 경작의 역사에서 '믿음의 조상'이라는 표본으로 세울 만큼 온전했습니다. 그러면 그의 아내 역시 대단한 믿음을 지녀야 마땅하지만 그렇지 못했습니다. 사라는 육신의 생각과 악을 버리지 못한 탓에, 육적으로는 아브라함과 함께 있었지만 영적으로는 큰 차이가 났습니다.

사라가 죽자 아브라함이 몹시 슬퍼한 까닭이 여기에 있습니다(창 23:2). 아브라함은 하나님과 깊이 교통했기 때문에 사라가 천국의 어느 처소에 들어갈지 잘 알았던 것입니다.

사랑하는 아내이며, 약속의 씨인 이삭의 어머니이기에 아브라함은 어찌하든 사라도 새 예루살렘에 함께 갈 수 있기를 원했습니다. 그런데 결과는 그렇지 못하니 애통할 수밖에 없었습니다.

그렇다면 왜 사라의 믿음으로는 낙원밖에 가지 못한다고 하는 것일까요?

하나님께서 아들을 낳을 것이라는 언약을 주실 때에 사라는 믿지 못했습니다. "내가 늙었거늘 어떻게 아들을 낳으리요." 하며 웃고 말았지요(창 18장).

아브라함을 통해 하나님의 능력을 많이 체험했건만 육신의 생각이 있기 때문에 온전히 믿지 못한 것입니다.

하갈을 대하는 모습에서도 악을 발견할 수 있습니다. 사라는 자신이 잉태하지 못하자 몸종 하갈을 남편에게 주어 후사를 이으려 합니다. 그런데 막상 하갈이 잉태하자 이를 시기했고, 자신을 멸시한다는 생각에 학대까지 합니다. 견디다 못한 하갈이 도망을 가자 하나님이 하갈에게 사자(使者)를 보내 집으로 돌아가도록 역사하십니다. 하갈이 사라에게 복종하여 일단 화평이 찾아왔습니다.

그런데 훗날 예전과 비슷한 상황이 오자 사라의 마음에 내재된 감정이 또다시 표출되고 맙니다. 어느 날 이스마엘이 이삭을 희롱하는 것을 본 사라는 아브라함에게 "이 여종과 그 아들을 내어쫓으라"고 요구합니다.

사라의 마음이 더 넓고 선하다면 이스마엘도 자신이 낳은 아들처럼 사랑과 관심을 가지고 보살펴 줄 것입니다. 하지만 이와 반대로 질투하고 자기 유익을 구하며, 마음에 맞지 않으면 멀리하는 등 자신이 가진 권세를 마구 휘둘렀지요. 믿음의 2단계에도 미치지 못하는 모습입니다.

더욱이 사라는 아브라함이라는 훌륭한 신앙의 모델 곁에 있었는데도 마음과 행함이 변화하지 않았습니다. 그처럼 좋은 조건

속에서도 여전히 육을 버리지 않으니 낙원보다 더 좋은 천국에 들어갈 수 없는 것입니다.

### 시험 환난으로 인하여 믿음이 퇴보한 경우

믿음이 퇴보하여 1단계가 되는 경우는 보통 두 가지로 나눌 수 있습니다.

먼저는, 한때 충만하게 신앙생활을 하여 믿음의 2, 3단계까지 올랐던 사람이 시험에 들어 1단계로 떨어진 경우입니다. 또 다른 경우는 성령 훼방, 모독, 거역이나 현저한 육체의 일과 같은 '용서받지 못할 죄'를 지은 경우이지요.

전자는 그나마 구원받을 믿음을 남겨둔 상태라면, 후자는 구원받을 믿음조차 없는 상태인데도 하나님의 특별한 용서와 긍휼을 입어 구원에 이르게 된 경우라 할 수 있습니다. 낙원에는 서열이 상중하로 나뉜다 했는데, 이렇게 겨우 구원받은 경우가 낙원의 하위 그룹에 속합니다.

한때는 믿음이 좋았으나 나중에 믿음이 1단계로 떨어지는 경우는, 곧 첫사랑이 식어 다시 회복하지 못한 상태와 같습니다. 대개 사람들은 첫사랑을 잃어버린 이유가, 누구와 걸려 시험에 들었거나 몹시 힘든 일이 생겨서라고 말합니다.

그런데 가장 근본적이면서 주된 원인은 바로 다시금 세상을 바라보았기 때문입니다. 영으로 충만히 달려가던 사람도 어느 순간 세상을 바라보고 취해 나가면 자기도 모르게 육으로 빠져 들 수 있습니다. 하나님과 세상을 둘 다 사랑할 수 없으며 세상을 사랑하는 만큼 하나님을 사랑하는 마음은 적어지는 것입니다(요일 2:15).

그렇다 하여 첫사랑을 잃었다 회복한 사람이 모두 낙원밖에 가지 못하는 것은 아닙니다. 마음의 할례를 하여, 곧 마음의 악을 버려 참 마음을 이룬 만큼 하나님께서도 온전한 믿음으로 이끄시어 얼마든지 낙원 이상의 천국에도 들어갈 수 있습니다.

그러면 믿음이 퇴보하여 간신히 구원받은 사례를 소개하겠습니다. 이분은 장로로서 수년 동안 교회의 여러 분야에서 봉사하며 충성했기 때문에 겉보기에는 믿음이 큰 사람으로 보였습니다. 그런데 갑자기 중한 병이 들어 말도 하지 못하는 상태가 되자 기도를 받으러 왔는데 저는 치료해 달라는 기도 대신에 구원받게 해 달라는 기도를 하였습니다.

그 당시 이분의 영혼은 천국으로 데려가려는 천사들과 지옥으로 끌어가려는 악한 영들 사이에서 심히 두려워 떨며 고통받고 있었기 때문입니다. 만일 구원받을 만한 믿음이었다면 악한 영들이 그 영혼을 끌어가려고 왔을 리 없습니다.

그래서 저는 즉시 악한 영들을 물리치는 기도를 한 다음, 그 영혼을 하나님께 맡기는 기도를 드렸는데 기도를 마치자 이내 평안을 얻고 눈물을 흘리는 것이었습니다. 결국 이분은 임종 직전에 회개하고 간신히 구원받을 수 있었지요.

이분이 간신히 구원받은 이유가 있었습니다. 과거에 하나님의 은혜로 건강이 회복되었고, 아내 역시 죽을 고비에서 저의 기도를 받고 살아난 체험이 있었으며, 생명의 말씀을 들으면서 화목한 가정이 되었습니다.

그런데 교회에 큰 시험이 닥쳐오자 교회를 지키려 한 것이 아니라 오히려 사단에게 생각을 내주며 입술로 낸 말들이 하나님 앞에 큰 담이 되었습니다. 결국 하나님의 보호를 받지 못하고 큰 질병에 걸리고 말았습니다.

하나님의 일꾼이라면 진리가 아닌 것은 듣지도 보지도 말아야 하는데 온갖 거짓된 것을 듣고 전하기까지 했습니다. 과거에 하나님의 큰 은혜를 입었는데도 그 은혜를 저버리니 하나님께서도 외면하신 것입니다.

그리하여 쌓았던 상급이 다 허물어지고 기도할 힘도 오지 않았으며 점차 믿음이 퇴보하여 구원받기조차 힘든 상태에 이르고 말았습니다. 그나마 예전에 크고 작은 봉사로 교회를 섬긴 행함이 하나님께 기억되어 임종 직전에 회개할 수 있는 은혜를 주시니 부끄러운 구원이라도 받은 것입니다.

이분이 구원받아 낙원에 이르렀을 때에 어떠한 고백이 나오겠습니까. 하나님의 은총 가운데 지옥에 떨어지지 않고 천국의 안식과 축복을 누리게 되었다는 사실만으로도 너무나 감사하며 행복하게 여깁니다.

그러나 낙원의 행복은 새 예루살렘은 물론 바로 윗단계인 1천 층과도 비교할 수 없을 정도로 차이가 있습니다. 하나님 앞에 중요한 것은 신앙의 연륜이나 직분이 아니라 하나님을 향한 마음 중심이라는 사실을 깨달아 오직 하나님의 뜻대로 행하는 지혜로운 성도가 되어야 하겠습니다.

chapter 7

# 하나님 말씀대로 행하려는 영혼이 들어가는 1천층

낙원과 비교할 수 없이 아름답고 행복한 1천층
1천층에는 어떤 영혼이 들어가는가?

·
·
·

이기기를 다투는 자마다
모든 일에 절제하나니
저희는 썩을 면류관을 얻고자 하되
우리는 썩지 아니할 것을 얻고자 하노라

고전 9:25

예수 그리스도를 영접한 것 외에 하나님 나라와 의를 위해 믿음으로 행한 것이 없는 사람이 들어가는 낙원은 이 땅과 비교할 수 없이 아름답고 행복한 곳이라 했습니다. 그러니 하나님 말씀대로 행하려 노력한 영혼들이 들어가는 1천층은 얼마나 더 아름답고 행복하며 기쁨이 넘치겠습니까.

## 1. 낙원과 비교할 수 없이 아름답고 행복한 1천층

하나님께서는 조금이라도 하나님 말씀대로 살려고 노력한 것을 믿음으로 여기고 1천층의 영혼들에게 개인 취향과 기호에 맞춘 집과 면류관을 주십니다. 바로 이것이 낙원과 크게 다른 점이지요. 영원히 사는 천국에서 개인 소유의 집을 상급으로 받는 것은 이 자체만도 큰 영광이므로 낙원에 들어간 영혼과는 비교할 수 없는 행복을 느낍니다.

### 아름답게 꾸며진 개인 소유의 집이 주어지고

1천층에 예비된 개인 소유의 집은 이 땅의 다세대 주택이나 아파트와 같은 형태입니다. 시멘트나 벽돌로 지은 것이 아니라 아름다운 정금과 보석 등 천국의 재료로 지었습니다.

이 땅의 아파트와 다른 점은 내부에 아름답게 장식된 엘리베이터만 있고 계단은 없다는 것입니다. 이 땅에서는 손으로 원하는 층의 버튼을 눌러야 엘리베이터가 움직이지만 천국에서는 올라타기만 하면 원하는 곳에 세워 줍니다.

간혹 천국을 다녀온 사람들이 아파트를 보고 왔다는 간증을 하는데 이는 천국의 여러 처소 중에서 1천층을 보고 왔기 때문입니다. 집 안에는 모든 것이 잘 갖추어졌으므로 생활하는 데 조금도 불편함이 없습니다. 음악을 좋아하는 사람에게는 악기가 있어서 연주할 수 있고 책을 좋아하는 사람에게는 책을 읽으며 편히 쉴 수 있는 자신만의 공간이 준비되어 있습니다.

이렇게 1천층은 주인의 취향과 기호에 맞추어 아름답게 꾸며져 있습니다. 낙원과는 비할 수 없으며 이 땅에서 누려 보지 못한 기쁨과 위안이 넘쳐납니다.

**정원이나 호수, 수영장이나 골프장 등은 공동으로 소유해**

1천층에는 예쁜 정원이 많고 울창한 숲이 우거진 드넓은 공원과 각종 편의시설이 잘 갖춰져 있습니다. 각종 놀이기구를 갖춘 놀이공원과 수영장, 골프장 등 많은 스포츠 시설도 있습니다. 그런데 집과 면류관 외에는 모든 것을 공동으로 이용합니다. 마치 이 땅에서 아파트 내 조성된 공원이나 스포츠 시설 등을 공동으로 이용하는 것과 같습니다.

이러한 공동 소유의 시설물은 낡거나 파손되는 일이 없지만 항상 최상의 상태로 유지하기 위하여 천사들이 관리합니다. 천사들이 각종 시설물의 이용 안내를 도와주기 때문에 공동으로 사용한다 해도 조금도 불편하지 않습니다.

낙원에는 천사들이 모든 시설을 관리만 할 뿐 도와주지는 않지만 1천층에서는 천사의 도움을 받을 수 있으므로 차원이 다른 즐거움과 행복이 있습니다. 비록 개인에게 속하여 시중 드는 천사는 없지만 필요한 장소마다 천사들이 있어서 여러 도움을 받을 수 있으니 행복한 것입니다.

### 1천층 영혼들에게 주어지는 '썩지 아니할 면류관'

1천층의 영혼들에게는 '썩지 아니할 면류관'이 상급으로 주어지는데(고전 9:25), 썩지 않는다는 것은 곧 면류관의 빛이 흐려지지 않으며 그 가치도 영원함을 나타내는 표현입니다.

영원히 변치 않는 천국의 보석으로 만든 이 면류관은 금빛, 은빛, 붉은빛, 푸른빛 등 단순한 빛을 띠는 몇 가지 종류가 있으며 그 모양도, 면류관으로서 기본적인 형태만 갖추고 있습니다. 다양한 보석으로 화려하게 장식되지는 않았으며, 다만 상급으로 받는 영혼의 특성에 따라 빛깔과 형태가 약간씩 차이 납니다. 높이는 낮고 머리에 얹을 정도로 크기가 일정하지요.

그러나 1천층에 들어간 영혼은 이러한 면류관이 하나님에게서 받은 상급이라는 자체에 매우 감사하며 영광스럽게 면류관을 씁니다.

1천층에 있으면 모든 면에서 낙원보다 훨씬 아름답고 행복한 것을 느낄 수 있습니다. 꽃 한 가지만 보아도 색깔과 향이 다르고 동물 역시 깃털의 윤기와 아름다움이 다릅니다. 이는 하나님께서 각 처소에 사는 사람의 수준에 맞추어 섬세하게 배려해 놓으셨기 때문입니다.

예를 들면, 1천층에 있는 사람이 꽃의 향기를 맡았을 때 가장 좋다고 느낄 수 있는 최적의 향을 1천층의 꽃이 낼 수 있도록 만들어 놓으셨습니다. 물론 과일도 처소에 따라 차이가 납니다. 하나님께서 각 처소에 있는 사람의 수준에 맞도록 빛깔과 향기까지도 섬세하게 갖추어 주셨기 때문입니다.

## 2. 1천층에는 어떤 영혼이 들어가는가?

1천층은 믿음의 2단계에 있는 사람, 곧 하나님 말씀대로 '행하려고 노력하는 믿음'을 소유한 사람이 들어갑니다.

믿음의 2단계에 이르면 성령의 도움으로 죄와 의를 깨달으니 하나님 말씀대로 행하려고 노력합니다. 아직 온전히 행할 수 있는 단계가 아니며, 이제 막 걸음마를 시작한 어린아이와 같습니다. 걸음마를 배우는 아기가 곧잘 넘어져도 다시 일어서서 걸으려고 하면 결국에는 혼자 걷게 되는데 이처럼 믿음의 2단계에서도 말씀대로 행하려고 노력하지요.

### 하나님 말씀대로 행하려 노력하는 믿음을 소유한 경우

디모데후서 2장 5절을 보면 신앙생활을 경주에 비유하여 "경기하는 자가 법대로 경기하지 아니하면 면류관을 얻지 못할 것이며" 말씀합니다. 믿음의 2단계는 일단 운동경기에 참가하긴 했는데, 아직은 규칙을 숙지해 가면서 그 규칙대로 싸워 이기기 위해 노력하는 선수라 할 수 있습니다.

어떤 경기라도 출전한 선수가 규칙을 따르지 않는다면 실격 처리될 수밖에 없습니다. 운동선수가 규칙에 따라 경기를 해야만 상을 탈 수 있듯이 하나님의 자녀도 진리대로 믿음의 선한 싸움을 해야 합니다. 하나님을 믿으면서 하나님의 법인 영계의 법칙을 무시한다면 이는 죽은 믿음에 불과합니다. 그들은 규칙대로 경기하지 않은 운동선수와 같으며 면류관을 받을 수도 없습니다.

마라톤의 경우에는 비록 꼴찌로 들어온다 해도 끝까지 완주한 것에 큰 의미를 두기도 합니다. 어떤 경기에서는 참가한 모든 선수에게 동일하게 '참가상'을 주기도 합니다. 믿음의 2단계에 있는 사람은 비록 행함은 부족하지만 말씀대로 살려고 노력은 했기 때문에 면류관을 받는데, 바로 '참가상'과 같은 개념이지요.

그런데 믿음의 2단계까지는 '부끄러운 구원'에 속한다 할 수 있습니다. 하나님 말씀을 알지만 행치 못한 것이 더 많고, 죄를 버려야 하는 줄 알지만 버리지 못한 죄가 더 많기 때문입니다.

### 행함이 없는 믿음은 죽은 믿음

어떤 이는 '내가 오랫동안 신앙생활을 했으니 믿음의 1단계는 지났고, 적어도 1천층에는 들어갈 수 있을 것이다.' 생각할 수 있습니다. 그러나 진정 믿음이 있다면 당연히 하나님 말씀대로 행합니다. 만일 죄를 버리지 않고 여전히 불법을 행한다면 1천층은커녕 낙원에도 들어가지 못하는 것입니다.

야고보서 2장 14절에 "내 형제들아 만일 사람이 믿음이 있노라 하고 행함이 없으면 무슨 이익이 있으리요 그 믿음이 능히 자기를 구원하겠느냐" 말씀하신 대로 행함이 없으면 구원을 받을 수 없지요.

이처럼 행함이 없는 믿음은 그 자체가 죽은 것이기 때문에 죄와 싸우지도 않은 사람은 마치 주인으로부터 받은 한 므나를 수건에 싸 두었던 게으른 종과 같이 구원받을 수 없습니다(눅 19:20~26).

여기서 '므나'는 성령을 뜻합니다. 하나님께서는 마음의 문을 열고 예수님을 구세주로 영접하는 사람에게 성령을 선물로 보내주십니다. 성령께서는 죄와 의와 심판이 있음을 깨닫게 하며 구원받아 천국에 이를 수 있도록 도와주십니다.

그러나 성령의 소욕을 좇아 진리 가운데 행함으로 마음에서 악을 버리는 마음의 할례를 하지 않는다면 굳이 우리 안에 성령이 성전 삼고 계실 이유가 없습니다. 반대로 성령의 도움으로 마음 안에 있는 죄악을 벗어 버리며 말씀대로 행하면 오직 진리 자체인 예수 그리스도의 마음을 신속하게 닮아 갈 수 있지요.

따라서 하나님 말씀대로 행할 수 있도록 도와주는 성령을 선물로 받은 하나님 자녀들은 성결하고 성령의 열매를 맺음으로써 온전한 구원에 이르러야 합니다.

그러면 1천층에 들어간 인물의 실례를 들어 보겠습니다.

### 죄를 모두 버리지 못하여 1천층에 들어간 경우

에서는 이삭의 아들로서 야곱과 쌍둥이 형제입니다. 동생 야곱에게 팥죽 한 그릇에 장자권을 파는 모습에서 그의 성품을 엿볼 수 있습니다.

에서가 들에서 돌아와 몹시 허기져 있을 때에 야곱은 그에게 팥죽을 주는 대신 장자의 명분을 팔 것을 요구합니다. 에서는 배고픔을 이기지 못하고 야곱이 요구하는 대로 했습니다. 자신의 행동이 장차 어떠한 결과를 가져올지 조금이라도 생각해 보았다면 그렇게 경솔한 행동을 하지 않았을 것입니다. 장자의 명분을 가볍게 여기므로 결국 장자의 축복을 빼앗기고 말았습니다.

에서는 야곱이 장자의 축복을 가로챈 것을 알고 동생을 죽이려 합니다. 원수까지라도 사랑하기 원하시는 하나님의 마음과는 너무나 거리가 멀었습니다. 사실 이런 마음으로는 구원조차 받을 수 없습니다.

오랜 연단을 받은 후에야 에서는 마음을 돌이켜 야곱을 용서할 수 있었습니다. 그렇다고 해서 그의 마음을 선하다 할 수는 없습니다. 야곱을 용서하기에 앞서 장자권을 소홀히 한 것 등 자신의 부족함을 깨닫고 변화가 있어야 하는데 그렇지 못했지요. 야곱을 용서하는 마음도 스스로 가진 것이 아니라 야곱의 간절한 기도를 들으신 하나님께서 은혜를 주셨기 때문입니다.

따라서 에서의 신앙을 하나님 말씀에 비추어 본다면 낙원에 이를 수 있는 정도입니다. 하지만 에서는 구약 시대 사람으로서 마음에 악이 있더라도 행하지는 않았습니다. 또 결국에는 야곱을 용서했기에 1천층에 들어갈 수 있는 자격을 얻은 것입니다.

### 충성은 했지만 마음의 할례를 하지 못한 경우

이번에 소개할 사람은 오늘날 열심히 하나님 나라에 충성하다가 소천하여 1천층에 들어갈 자격을 얻은 성도입니다. 이분은 약 18년 동안 교회의 재정부 일원으로서 변개치 않고 사명을 감당했으며, 교회를 위해 충성 봉사하여 장로 직분도 받았습니다.

'어떻게 하면 하나님 나라를 더 크게 이루어 드릴까?' 하는 마음으로 이런저런 사업을 벌이며 많은 열매를 내고자 했으나 번번이 실패하고 말았지요. 그 이유는 자신의 유익을 구하는 마음과 육신의 생각으로 인해 정도를 걷지 못했기 때문입니다. 그래서 하나님의 영광을 가린 것도 있었고, 때로는 혈기를 내 부딪치기도 하며 불순종한 것이 많았습니다.

즉 겉으로는 열심을 내며 충성했지만 정작 중요한, 악을 버리는 마음의 할례를 하지 않았기 때문에 믿음의 2단계에 머물렀습니다. 게다가 물질의 문제나 여러 사람과 얽힌 문제 때문에 그대로 두면 더는 믿음을 지키지 못하고 불의와 타협할 수밖에 없는 상황이었습니다.

그러다 보면 믿음이 퇴보하여 결국 낙원에도 들어갈 수 없는 상태까지 이를 수 있으므로 하나님께서는 가장 적당한 때에 부르신 것입니다. 이처럼 외적인 충성보다 죄악을 벗어 버리고 마음의 할례를 하는 것이 더 중요하다는 사실을 깨달아야겠습니다.

chapter 8

# 사명을 감당한 영혼이 들어가는 2천층

크고 아름다운 개인 주택을 받는 2천층

2천층에는 어떤 영혼이 들어가는가?

·
·
·

너희 중에 있는 하나님의 양 무리를 치되
부득이함으로 하지 말고
오직 하나님의 뜻을 좇아
자원함으로 하며
더러운 이를 위하여 하지 말고
오직 즐거운 뜻으로 하며
맡기운 자들에게
주장하는 자세를 하지 말고
오직 양 무리의 본이 되라
그리하면 목자장이 나타나실 때에
시들지 아니하는 영광의 면류관을 얻으리라

벧전 5:2~4

앞서 낙원과 1천층에 들어가는 사람은 예수 그리스도를 영접했지만 부끄러운 구원에 속한다고 했습니다. 그러나 2천층에 들어가는 사람은 말씀대로 행하며 불같은 시험을 통과했으므로 행한 대로 갚아 주시는 하나님의 공의 가운데 낙원이나 1천층과는 비교할 수 없을 만큼 큰 상급을 받습니다.

## 1. 크고 아름다운 개인 주택을 받는 2천층

2천층은 1천층에 비해 모든 것이 더 밝고 아름답습니다. 황금길에서 나오는 빛은 더 정금에 가까우며, 각종 보석으로 지은 건물의 빛깔도 더욱 곱습니다.

동식물의 종류도 낙원이나 1천층에서는 볼 수 없는 것이 많고, 또 1천층과 같은 종류의 동식물이라도 2천층의 것이 훨씬 더 아름답습니다. 2천층의 동물이 체격이나 자태가 더 수려하고 털의 빛깔도 더 영롱하지요. 꽃의 향기와 색깔도 마찬가지입니다.

### 크고 아름다운 단층의 개인 주택을 받는 2천층

1천층의 집은 다세대 주택이나 아파트 형태이지만 2천층의 집은 완전히 독립된 단층의 개인 주택 형태입니다. 이 땅의 호화로운 저택이나 별장에 가히 비할 수 없을 만큼 크고 웅장하며 아름답고 향기로운 꽃과 나무로 화려하게 단장되어 있습니다.

2천층에 들어가면 크고 아름다운 저택을 받는 것은 물론, 자신이 좋아하는 것 중에 한 가지를 개인적으로 소유할 수 있습니다. 만일 수영장을 원한다면 정금과 갖가지 보석으로 만들어진 아름다운 수영장을 가질 수 있지요.

또한 아름다운 호수를 갖기 원한다면 호수가 주어지고 무도회장을 원한다면 무도회장을, 산책을 좋아한다면 기화요초가 가득하고 사랑스러운 동물이 노니는 산책길을 소유할 수 있습니다.

그러나 수영장과 호수, 무도회장과 산책길 모두 갖고 싶다 해도 그중에 가장 좋아하는 한 가지만을 받습니다. 이렇게 각자 소유한 것이 다르므로 2천층에서는 다른 집에 가서 서로 구경하고 이용하기도 하면서 함께 즐거움을 나눕니다.

만일 호화로운 무도회장은 있지만 수영장이 없다면 수영장이 있는 집에 가서 마음껏 수영할 수 있습니다. 서로 섬기므로 누가 찾아온다고 해도 귀찮아하거나 거절하지 않으며 오히려 베풀 수 있으니 행복해합니다. 그러니 내가 즐기고 싶으면 얼마든지 이웃집에 가서 즐길 수 있습니다.

**아름답고 찬란한 광채가 흘러나오는 문패가 있어**

2천층의 집은 단층이며 집마다 문패가 달려 있습니다. 그래서 누구의 집이라는 것을 표시하는데 일부 성도의 집에는 문패 위에 특별히 이 땅에서 섬기던 교회의 이름이 함께 있습니다. 아름다운 광채가 흘러나오는 문패에 마치 아랍어나 히브리어 같은 흘림체의 천국 글씨로 이름이 새겨져 있지요.

이는 요한계시록의 빌라델비아 교회처럼 특별히 하나님께 크게 영광 돌리고 기쁨이 된 교회 성도들의 경우입니다. 그래서 2천층에 있는 수많은 영혼이 "이 집은 어느 교회 누구의 집이구나." 하며 부러워합니다.

이처럼 이 땅에서 섬기던 교회의 이름을 특별히 새기는 이유는 무엇일까요? 하나님께서는 마지막 때에 다시 오실 주님을 맞이할 수 있는 대성전을 건축한 교회의 성도들에게 영원한 자랑과 영광이 되도록 교회 이름을 새겨 주십니다.

그러나 3천층과 새 예루살렘 성의 집에는 문패가 없습니다. 그곳에 있는 사람은 수가 많지 않으며, 각각의 집에서 흘러나오는 빛과 고유한 향으로써 누구의 집인지 금방 알 수 있기 때문입니다.

### 마음이 성결하지 못해 안타깝지만

어떤 이는 '천국은 부족함이 전혀 없는 곳인 줄 알았는데 어떤 곳에는 개인 소유의 집이 없고, 어떤 곳에는 집 외에 개인 소유가 하나뿐이니 불편하지 않을까?' 생각할 수도 있습니다.

그러나 천국에는 결코 부족함이 없으며 조금의 불편함도 없습니다. 함께 생활한다고 해서 불편함을 느끼거나 자신의 소유를 다른 이웃과 나눈다고 해서 아까워하지도 않습니다. 이웃과 함께 나눌 수 있음에 감사하며 행복으로 여깁니다.

또한 자신이 원하는 것을 하나만 가졌다 해서 이 때문에 안타까워하거나 다른 사람의 것을 부러워하지도 않습니다. 오히려 이 땅에서 행한 것을 하나님께서 너무나 큰 상급으로 갚아 주신 것에 항상 감격하고 감사하며 변함없는 기쁨과 만족을 누립니다.

다만 이들에게 한 가지 안타까움이 있다면 이 땅에 있을 때에 더 열심히 노력해서 마음이 성결하지 못한 점입니다. 하나님 앞에 설 때에 자신의 악을 다 버리지 못한 것이 얼굴을 들지 못할 만큼 죄송하고 부끄러운 것입니다. 3천층이나 새 예루살렘 성에 들어간 사람들을 볼 때에도 그들의 영화로운 상급을 부러워하기보다 온전히 마음에 할례하지 못한 것을 민망해할 뿐입니다.

하나님께서는 공의로우셔서 분명히 심은 대로 거두게 하고 행한 대로 갚습니다. 우리가 이 땅에서 마음의 할례를 하고 열심히 충성한 대로 천국의 처소와 상급을 주신다 했지요.

만일 온전히 하나님 뜻대로 살았다면 천국에서 우리가 원하는 대로 백 퍼센트 주시지만 그렇지 못한 경우에는 각자의 행함에 합당한 영광으로 갚되 후히 주십니다. 그래서 막상 천국에 들어가면 어느 처소에 있든지 자신이 이 땅에서 행한 것 이상으로 주신 하나님께 감사하며 행복과 감격 속에 영원토록 살아갑니다.

**영광의 면류관을 상급으로 받고**

과연 2천층에 들어간 영혼은 어떤 면류관을 받을까요? 이들은 마음이 성결하지 못했지만 자신의 사명을 잘 감당하여 하나님께 영광 돌렸으므로 '시들지 않는 영광의 면류관'을 받습니다. 베드로전서 5장 2~4절을 보면 하나님 말씀대로 살면서 양 무리의 본이 되었기 때문에 주시는 상급임을 알 수 있습니다.

"너희 중에 있는 하나님의 양 무리를 치되
부득이함으로 하지 말고
오직 하나님의 뜻을 좇아 자원함으로 하며
더러운 이를 위하여 하지 말고
오직 즐거운 뜻으로 하며
맡기운 자들에게 주장하는 자세를 하지 말고
오직 양 무리의 본이 되라
그리하면 목자장이 나타나실 때에
시들지 아니하는 영광의 면류관을 얻으리라"

여기서 시들지 않는다는 것은 2천층 영혼이 받는 면류관의 영광이 시들지 않는다는 의미입니다. 천국의 상은 하나님께서 주시는 것이므로 그 영광이 영원하며 상 자체에서 발하는 빛이 항상 같으므로 '시들지 아니하는 영광의 면류관'이라 한 것입니다.

## 2. 2천층에는 어떤 영혼이 들어가는가?

2천층은 하나님 말씀대로 행할 수 있는 단계, 곧 믿음의 3단계에 있는 영혼이 들어갑니다. 2천층에 들어간 사람은 하나님 말씀대로 행할 수 있으니 사명을 잘 감당하지만 마음이 온전히 성결하지 못한 상태입니다.

### 마음이 온전히 성결하지 못한 사람이 들어가는 2천층

거룩하고 온전한 하나님께서는 자신을 닮은 참 자녀를 원하십니다. 하나님을 사랑하여 계명을 지키되 의무감이 아니라 마음 중심에서 기쁨으로 지켜 행하는 자녀를 원하십니다.

진정 사랑한다면 아무리 어려운 부탁이라도 기쁨으로 들어 줄 수 있듯이, 하나님을 중심에서 사랑하면 어떤 계명이라도 기쁜 마음으로 지켜 행할 수 있습니다.

그러나 믿음의 3단계에 있는 사람은 이러한 사랑의 차원에 들어오지 못했기 때문에 하나님 말씀을 마음 중심에서 기쁨으로 행하지 못할 때도 있습니다.

성경을 보면 육체의 일(갈 5:19~21)과 육신의 일(롬 8:5)이 나옵니다. 사람의 마음속에 있는 비진리를 행함으로 나타낸 것을 '육체의 일'이라고 하며, 행함으로 나타내지는 않았지만 마음속에 있는 죄의 속성을 '육신의 일'이라고 합니다.

믿음의 3단계에 들어온 사람은 육체의 일은 모두 버린 상태이지만 아직 육신의 일은 남아 있습니다. 하나님을 알고 사랑하기 때문에 계명을 지키지만 마음속의 악까지 모두 버린 상태는 아닌 것입니다.

가령, 평소에 미워하던 사람이 있지만 하나님 말씀에 미워하지 말라고 하셨기 때문에 미워하지 않으려고 노력한 결과 미움을 말이나 행동으로 표현하지는 않습니다.

하지만 아직 마음에 미움이라는 감정이 있으므로 사랑을 표현하기가 어려운 것입니다. 바로 이런 상태의 신앙을 가진 사람이 2천층에 들어갑니다.

예를 들면, 직장 동료가 무례하게 하거나 본인이 해야 할 일까지 번번이 떠넘기려 할 때 믿음의 2단계에서는 기분이 상합니다. 진리의 말씀을 알므로 감정을 삭여 섬기려고 노력하지만 여전히 불만이 있지요. 심하면 참지 못하여 짜증을 표출하는 것이 믿음의 2단계, 곧 1천층에 들어갈 신앙을 가진 사람의 모습입니다.

2천층에 들어갈 믿음의 3단계에서는 이렇게 화평을 깨는 일은 없습니다. '저 사람이 무례한 것이 아니라 친근함의 표현이겠지, 자신이 직접 못하는 사정이 있겠지.' 이렇게 좋게 생각하려고 노력하면서 상대가 원하는 대로 섬겨 줍니다.

3단계 초입에서는 온전히 마음에 진리가 임한 것은 아니므로 일단 마음에 불편한 생각이 떠오르면 다시 그것을 바꾸어 좋게 생각하고자 합니다.

그러다가 믿음의 3단계 중반을 넘어 반석에 서면 순간적으로는 불편한 생각이 들어도 즉시 진리의 생각으로 바꿀 수 있고, 평안한 마음으로 상대를 섬길 수 있습니다. 순간적인 생각조차 없이 온전히 기쁨으로 상대를 섬긴다면 믿음의 4단계에 이르렀다고 볼 수 있습니다.

또 다른 예를 들어 보겠습니다. 어렵고 힘든 일을 당할 때 믿음의 2단계에서는 기뻐하고 감사하려고 노력하지만 이기지 못해 불평을 쏟기도 합니다. 반면 2천층에 들어가는 믿음의 3단계에서는 고난 중에도 능히 감사하고 기뻐할 수 있습니다.

물론 3단계 초입은 어려움을 만나는 순간 '너무 힘들다.' 하는 육신의 생각이 동원되어 낙심되고 충만함이 사라지기도 합니다. 하지만 곧 성령의 음성을 들으므로 '아니야. 기뻐하고 감사해야지. 하나님께서 살아 계신데 왜 낙심해!' 하며 자신의 마음을 진리로 다지게 됩니다.

나아가 더 온전히 기뻐하고 감사하기 위해 부르짖어 기도하면 하나님의 은혜와 능력을 공급받아 감사와 기쁨이 솟아나지요.

그러다가 3단계 중반 이후를 넘어 말엽이 되면 육신의 생각이 많이 작용하지 않습니다. 어려움을 갑자기 만난다 해도 낙심하거나 불평하기보다는 하나님을 의지하며 기뻐하고 감사하려는 생각이 먼저 떠오르지요. 순간 힘들다는 생각이 스쳐도 즉시 물리치고 감사와 기쁨으로 바꿀 수 있습니다. 시험 환난에 요동치 않고 말씀대로 온전히 행하는 믿음이 되면 반석이신 예수 그리스도 위에 든든히 세워졌다 하는 것입니다.

믿음의 3단계에서도 60퍼센트 이상이 되면 말씀대로 행하는 것이 더 이상 무겁고 힘들게 느껴지지 않으므로 '믿음의 반석에 들어서기 시작했다'고 할 수 있습니다. 70~80퍼센트가 되면 반석에 온전히 선 것이므로 말씀대로 행하는 것이 마치 몸에 밴 습관처럼 자연스럽습니다. 여기서 더 나아가 어떤 상황에서도 육신의 생각을 동원치 않고 온전히 기뻐하고 감사할 수 있다면 믿음의 4단계로서 최소한 3천층에 들어갈 자격을 갖추게 되는 것입니다.

### 하나님의 은혜로 사명을 잘 감당한 경우

2천층은 마음이 온전히 성결하지 못하나 사명을 잘 감당한 경우에 들어갈 수 있는 곳입니다. 여기서 사명은 여러 봉사를 말하는 것이 아니라 영혼을 갈무리하는 사명을 말합니다.

교회에서 충성하다 소천한 분의 신앙생활을 통하여 2천층에는 어떤 사람이 들어갈 수 있는지 살펴보겠습니다.

이분은 1982년, 자신과 남편의 중한 병이 하나님의 능력으로 치료되어 믿음의 가정을 이루었습니다. 그리하여 본인은 권사, 남편은 장로의 직분을 받았으며 자녀들도 성장하여 주의 종, 사모, 찬양선교사 등으로 주의 일에 힘썼지요.

이 권사님은 자신의 악을 버리지 못하고 주의 일을 더 충성되이 감당하지 못하여 안타까워하다가 하나님의 은혜 가운데 회개하고 사명을 잘 감당한 뒤 소천했습니다.

이분은 실제로 소천하기 전에 믿음이 크게 성장하였습니다. 기도에 힘쓰며 발이 닳도록 가가호호 다니면서 교회 신문을 수천 장씩 돌리는 등 몸을 아끼지 않고 봉사하며 충성된 삶을 보냈습니다. 하나님께서는 이 행함을 기억하여 2천층에 갈 수 있게 하신 것입니다.

천국은 정확하게 분류돼 있으며 처소마다 영광과 빛이 다르다 했습니다. 그러니 이분은 천국에서 이 땅에 남은 가족이 악은 모양이라도 버리고 새 예루살렘의 영광된 자리에 들어올 수 있도록 얼마나 간절히 기도하겠습니까.

우리가 천국에 가면 가족 단위로 살지는 않습니다. 하지만 이 땅에서 가족이었던 사람끼리는 천국에서도 각별한 마음이 듭니다. 그래서 새 예루살렘에 들어간 사람은 다른 처소의 가족에게 초청장을 보낼 수 있습니다. 가족 중에 새 예루살렘에 들어간 사람이 많은 만큼 초청될 기회도 더 많아 자주 방문할 수 있지요.

### 모든 면에 충성했으나 자신의 의 때문에 불순종한 경우

이번에는 주님을 사랑하며 충성되이 사명을 감당했으나 조금 부족한 면이 있어 2천층에 들어간 경우를 살펴보겠습니다.

이분은 남편의 질병 때문에 교회에 등록하고 열심히 신앙생활을 했습니다. 남편이 중풍과 암으로 극심한 고통을 받으며 들것에 실려 왔는데, 기도받은 후 통증이 사라지고 일어나 걷게 되었으니 얼마나 감사와 기쁨이 넘쳤겠습니까.

그러므로 길을 걸을 때나, 앉으나 서나, 밥을 할 때에도 감사를 잊지 않았고 하나님의 나라를 위해 힘써 기도했지요. 또한 주 안에서 형제, 자매들을 지극히 사랑하여 위로받기보다는 위로하고 권면하며 돌보는 사람이 되었습니다. 오직 하나님 말씀대로 살기를 소원하면서 죄를 버리고자 힘썼을 뿐만 아니라 이 땅의 것을 탐하거나 부러워하지 않고 전도에 힘썼습니다.

이처럼 뜨겁게 주의 일에 힘쓰는 분이었으므로 교회에서는 그분께 어떤 직분을 감당해 줄 것을 부탁하였습니다. 그러나 이분은 자신의 환경과 처지를 바라보고 순종하지 못하다가 얼마 후 소천했습니다.

하나님께서는 이분이 3천층에 들어가지 못한 이유가 바로 몇 가지 불순종 때문임을 알려 주셨습니다. 그중 하나가 교회에서 사명을 맡겼을 때에 순종하지 못한 것이었습니다. 근본적인 원인은 '모든 형편이 나아지면 하리라' 마음먹었던 것, 곧 생각을 동원한 것이 하나님 앞에 잘못이었지요.

또 예배드릴 때에 설교를 듣다가 속으로 '아니오, 아니오' 했던 것이 하나님 앞에 큰 잘못임을 알려 주셨습니다. 단에서 선포되는 말씀이 자신의 생각에 안 맞는다고 해서 의심하는 것은 옳지 않기 때문입니다.

육신의 생각을 다 벗기 전까지는 순간 부정적인 생각이 틈탈 수 있으나 즉시 물리쳐야 합니다. 설교 말씀이 당장 이해되지 않더라도 믿음이 성장하면 이해할 수 있는 것입니다.

이분은 평소에 주의 종이나 교회의 재정부 위원들을 볼 때마다 '천국에서 얼마나 큰 상급을 받을까?' 하면서 몹시 부러워하였다고 합니다. 그러나 막상 천국에 와 보니 꼭 그렇지만도 않다는 것을 깨닫게 되었습니다. 하나님의 뜻대로 행한 사람이 큰 상급을 받으며, 머리 된 일꾼이 잘못하면 일반 성도가 잘못하는 것보다 더 큰 죄악임을 깨달았다고 합니다.

야고보서 3장 1절에 "너희는 선생 된 우리가 더 큰 심판 받을 줄을 알고 많이 선생이 되지 말라" 말씀합니다. 주 안에서 귀한 직분을 받아 잘 감당하면 천국에서 상급이 매우 크지만 직분에 합당한 마음의 의를 이루는 것이 더욱 중요하지요. 머리 된 사람이 더 많이 기도하고 충성해야 하며, 더 잘 가르치고 또한 분별력이 있어야 하는 것입니다. 그렇지 않으면 소경이 소경을 인도하는 격이 되기 때문입니다.

따라서 주 안에서 높은 직분 얻기만을 바라서는 안 되며, 심판 때에 하나님께서 많이 맡은 자에게는 많이 달라 하신다는 것을 기억해야 합니다(눅 12:47, 48). 오직 하나님을 사랑함으로써 기쁘게 순종하며 마음이 성결한 것이 중요합니다. 믿음의 분량에 따라 들어가는 각 처소의 영광이 매우 다르므로 힘써 침노하여 해와 같이 빛나는 자리에 이르시기를 바랍니다.

chapter 9

# 마음이 성결한
# 영혼이 들어가는
# 3천층

개인적으로 시중 드는 천사가 있는 3천층
3천층에는 어떤 영혼이 들어가는가?

·
·
·

시험을 참는 자는 복이 있도다
이것에 옳다 인정하심을 받은 후에
주께서 자기를 사랑하는 자들에게
약속하신 생명의 면류관을
얻을 것임이니라

약 1:12

천국의 아름다움은 이 세상의 말로 다 표현할 수 없고, 천국을 잘 안다 해도 막상 직접 가 보면 입을 다물지 못할 정도입니다. 천국 내에서도 처소마다 환경과 시설에 많은 차이가 나 그중 2천층과 3천층은 실로 천지 차이라 할 수 있습니다. 이는 곧 성결을 이뤘느냐 못 이뤘느냐 하는 데서 오는 차이입니다.

영이신 하나님께서는 선과 빛, 그리고 사랑 자체입니다. 따라서 하나님을 닮은 성결한 자녀들에게 특별한 대우를 해 주십니다.

## 1. 개인적으로 시중 드는 천사가 있는 3천층

3천층에 있는 집은 2천층에 있는 단층 규모의 집과는 비교할 수 없을 정도로 웅장하고 화려합니다. 각양각색의 아름다운 보석으로 장식되었으며 주인이 바라는 모든 시설을 갖추었습니다.

더구나 3천층부터는 개인적으로 시중 드는 천사가 있어 오직 주인을 사랑하고 경외하며 그 마음을 헤아려 최고의 사랑과 충성으로 섬깁니다.

### 개인적으로 시중 드는 천사가 있어 세세토록 왕 노릇 하고

히브리서 1장 14절을 보면 "모든 천사들은 부리는 영으로서 구원 얻을 후사들을 위하여 섬기라고 보내심이 아니뇨" 말씀합니다.

이처럼 순수한 영적 존재인 천사는 하나님의 피조물로서 사람의 형상과 비슷하지만 살과 뼈가 없으며 결혼이나 죽음과도 상관이 없습니다. 사람처럼 감정을 지닌 인격적 존재는 아니지만 사람보다 월등한 지식과 능력을 지녔습니다(벧후 2:11).

히브리서 12장 22절을 보면 '천만 천사'라고 하여 하늘에는 무수한 천사가 존재함을 알 수 있습니다. 하나님께서는 천사들 사이에 질서와 계급을 세우고 담당하는 분야도 분할하셨으며 사역에 따라 위엄을 달리하셨습니다.

그래서 천사, 천군, 천사장 등의 구분이 있습니다. 문관에 해당되는 가브리엘 천사장은 하나님의 큰 응답이나 섭리와 계획, 그리고 계시의 은밀한 것을 풀 때에 그 응답을 가지고 내려옵니다(단 9:21~23 ; 눅 1:19, 1:26, 27).

반면에 무관이라 할 수 있는 미가엘 천사장은 하늘의 군대 장관으로서 악한 영들에 대적하는 싸움을 지휘하며 때로는 직접 나서서 어둠의 진을 깨뜨리지요(단 10:13~21 ; 유 1:9 ; 계 12:7).

이러한 천사 중에는 하나님의 자녀를 개인적으로 시중 드는 천사가 있습니다. 낙원의 천사들은 주로 공동 시설을 관리하며 하나님의 메시지를 전달합니다. 1천층과 2천층의 천사들은 하나님의 자녀들이 도움을 구할 때 돕는 역할을 하며, 어떤 시설물을 이용하려고 할 때 친절하게 안내해 주는 역할을 합니다.

그러나 3천층 이상에 있는 사람들은 하나님을 지극히 사랑하거나 기쁘게 했기 때문에 개인적으로 시중 드는 천사가 있습니다. 얼마나 하나님을 닮아 행함과 순종으로 기쁘시게 했느냐에 따라 천사의 수가 달라지지요. 개인적으로 시중 드는 천사 외에도 웅장하고 화려한 집과 상급으로 주어진 각종 시설과 물건을 관리하는 천사, 방문객을 안내하며 돕는 천사 등 많은 천사가 따릅니다.

### 화려하고 웅장한 복층 규모의 개인 주택을 받으며

아름답고 향기로운 꽃과 나무로 화려하게 단장된 3천층의 집에는 정원과 호수가 있으며, 그 안에는 형형색색 많은 물고기가 노닙니다. 또한 천사들이 온갖 악기로 아름다운 음악을 들려주며 함께 하나님께 찬양을 드리기도 하지요.

2천층에서는 자신이 좋아하는 것 중의 단 한 가지만을 개인적으로 소유할 수 있지만 3천층에서는 골프장, 수영장, 호수, 산책길, 무도회장 등 원하는 것은 모두 소유할 수 있습니다. 그러니 이웃집에 가서 이용할 필요도 없고 언제든지 원하는 대로 마음껏 즐길 수 있습니다.

3천층의 집은 매우 웅장하고 화려한 복층인데 이 세상의 어떤 백만장자라도 가히 흉내 낼 수 없을 만큼 아름답고 황홀하게 꾸며져 있습니다.

주인의 아름다운 마음을 대변할 수 있는 독특한 향이 집 자체에서 흘러나오기 때문에 굳이 문패를 달지 않아도 누구의 집인지 쉽게 알 수 있습니다. 집마다 향이 다를 뿐 아니라 빛도 각기 다른데 얼마나 하나님의 마음을 닮았느냐에 따라 더욱 아름다운 향과 빛을 냅니다. 또한 공동 소유로 준 구름 자가용으로 끝없이 펼쳐진 천국을 마음껏 여행하며 영원토록 즐길 수 있으니 상상만 해도 가슴 벅차지요.

### 생명의 면류관이 상급으로 주어져

요한계시록 2장 10절을 보면 하나님 나라를 위해 충성하되 죽도록 충성하는 사람에게는 생명의 면류관을 주신다는 약속의 말씀이 있습니다. 생명의 면류관이라는 이름을 붙인 이유는 3천층에 들어온 영혼들이 주를 위해 자신의 생명을 드리는 시험을 통과했기 때문입니다.

"네가 장차 받을 고난을 두려워 말라
볼지어다 마귀가 장차 너희 가운데서
몇 사람을 옥에 던져 시험을 받게 하리니
너희가 십 일 동안 환난을 받으리라

네가 죽도록 충성하라

그리하면 내가 생명의 면류관을 네게 주리라"

여기서 죽도록 충성한다는 의미는 순교의 믿음으로써 하나님의 나라를 위해 생명 다해 충성함은 물론, 세상과 타협하지 않고 죄를 피 흘리기까지 싸워 버리며 온전히 성결한 것을 말합니다.

3천층에 들어간 영혼은 수많은 시험 환난과 어려움이 닥쳐와도 생명을 조금도 아끼지 않고 오직 믿음으로 승리했으므로 약속한 생명의 면류관을 주며 위로하시는 것입니다(약 1:12).

그들이 새 예루살렘 성을 방문하면 생명의 면류관 오른쪽에 동그란 표를 붙입니다. 반면에 2천층이나 1천층, 낙원에 있는 영혼이 새 예루살렘 성을 방문하면 왼쪽 가슴에 동그란 표를 붙이는데 이러한 것에서도 3천층의 영혼들은 하늘의 영광이 다른 것을 알 수 있습니다. 그러나 새 예루살렘 성에 들어간 영혼들은 아버지 하나님께서 특별히 기억하시므로 아무런 표도 달지 않습니다.

**새 예루살렘 성의 천국집과는 현저한 차이가 있어**

3천층의 집을 새 예루살렘 성의 집과 비교한다면 그 규모나 아름다움과 영화로움의 정도가 크게 다릅니다.

우선 규모 면에서 새 예루살렘 성에 있는 가장 작은 집의 크기를 100이라 할 때 3천층에 있는 집이 60 정도이지요. 가령, 새 예루살렘 성에 있는 가장 작은 집의 대지 면적이 100만 평방미터라고 할 때에 3천층에 있는 집의 대지 면적은 60만 평방미터라 할 수 있습니다.

집의 크기는 이 땅에서 얼마나 영혼 구원과 하나님의 성전을 이루기 위해 힘썼느냐에 따라 결정이 됩니다. 마태복음 5장 5절에 "온유한 자는 복이 있나니 저희가 땅을 기업으로 받을 것임이요" 말씀하셨으니 온유한 마음으로 많은 영혼을 품고 천국으로 인도한 만큼 상상할 수 없는 규모의 집을 받을 수 있습니다.

3천층과 새 예루살렘의 집은 규모뿐만 아니라 그 아름다움과 집을 장식하는 보석도 크게 차이가 납니다. 새 예루살렘 성에는 주춧돌(기초석)을 이루는 열두 보석뿐만 아니라 갖가지 아름다운 보석이 있습니다. 여러 가지 빛을 내는 황홀한 색상에 그 크기를 측량할 수 없을 만큼 큰 것도 있지요. 일일이 명명할 수 없을 만큼 다양한 종류의 보석 중에 어떤 것은 이중으로 겹쳐 빛을 내고 어떤 것은 삼중의 빛을 내기도 합니다.

물론 3천층에도 수많은 보석이 있지만 새 예루살렘 성에 있는 모든 종류가 다 있는 것은 아니며, 이중 삼중의 빛을 내는 보석도 없습니다. 물론 1천층이나 2천층의 보석과는 비교할 수 없이 크고 아름다운 빛을 내지만 같은 종류의 보석이라도 새 예루살렘 성의 것보다는 못하지요.

그러니 3천층의 영혼들은 새 예루살렘 성을 바라보며 세세토록 아쉬워합니다. 3천층에도 상상할 수 없는 행복과 아름다움이 함께하지만 새 예루살렘 성과는 비교할 수 없다는 사실을 깨달아 새 예루살렘 성에 들어갈 수 있는 자격을 얻으시기 바랍니다.

## 2. 3천층에는 어떤 영혼이 들어가는가?

이곳에는 믿음의 분량이 4단계에 이른 사람들이 들어갑니다. 그들은 하나님 말씀에 순종하여 악은 모양이라도 버리고 성결한 영혼들입니다. 지극히 하나님을 사랑하며 사랑받는 사람들이지요. 그러면 구체적으로 어떤 사람이 들어가는지 살펴보겠습니다.

### 악은 모든 모양이라도 버리고 마음이 성결한 사람

구약 시대는 성령을 받지 않은 상태이므로 사람의 힘만으로는 본성 속의 죄까지 버릴 수 없었습니다. 그래서 육의 할례를 했으며, 마음의 악을 행함으로 나타내기 전까지는 죄로 여기지 않았습니다. 즉 간음이나 살인하고 싶은 마음이 있어도 밖으로 나타내지 않으면 죄라 하지 않았고, 실제로 행했을 때라야 죄인으로 인정되지요.

그러나 신약 시대는 주님을 영접하면 마음 안에 성령이 임하는 은혜의 시대이므로 성령의 도움 가운데 마음의 할례를 할 수 있습니다. 따라서 마음속에 있는 미움이나 간음, 욕심 등의 비진리와 악은 모든 모양이라도 버리고 성결해야 3천층에 들어갈 수 있습니다.

'성결'이란 예수 그리스도의 속죄의 공로를 믿어 물과 성령으로 거듭난 사람이 성령의 역사로 원죄와 모든 자범죄에서 정결해짐을 의미합니다. 예수님의 보혈의 공로를 믿음으로 죄가 용서된 상태와, 불같이 기도하고 때에 따라 금식하면서 성령의 도움 속에 내 안에 있는 죄성을 버린 상태는 다릅니다.

우리가 예수님을 구세주로 영접하고 하나님의 자녀가 되었다고 해서 죄가 다 없어진 것이 아닙니다. 여전히 미움과 교만 등의 악이 남아 있으므로 하나님 말씀을 듣고 죄악을 발견하여 피 흘리기까지 싸워 버려 나가는 작업이 필요합니다(히 12:4). 그리하여 행함으로 나타내는 육체의 일은 물론 마음속에 있는 죄의 성질, 즉 육신의 일까지 완전히 버린 상태가 곧 믿음의 4단계이며 성결한 것입니다.

### 죄를 버리며 성결하는 과정

여기서 잠시 성결에 이르는 과정을 살펴보겠습니다. 어린아이가 초, 중, 고등학교를 다니는 동안 크고 작은 시험을 보면서 자신의 점수를 확인하고 계속해서 단계를 밟아 올라갑니다. 마찬가지로 신앙 안에서도 믿음을 확인하는 시험이 있습니다.

성령받은 이후, 믿음이 성장함에 따라 계속해서 크고 작은 시험이 따르게 됩니다. 생활 속에서 매 순간 '진리를 택할 것이냐, 세상과 타협할 것이냐?' 하는 시험이 옵니다. 그때마다 진리를 택하는 사람은 그만큼 시험을 통과해서 진리로, 영으로 들어갑니다.

갈라디아서 5장 17절에 "육체의 소욕은 성령을 거스리고 성령의 소욕은 육체를 거스리나니 이 둘이 서로 대적함으로 너희의 원하는 것을 하지 못하게 하려 함이니라" 했고, 로마서 7장 22, 23절에는 "내 속 사람으로는 하나님의 법을 즐거워하되 내 지체 속에서 한 다른 법이 내 마음의 법과 싸워 내 지체 속에 있는 죄의 법 아래로 나를 사로잡아 오는 것을 보는도다" 했습니다. 우리가 하나님의 법을 즐거워하여 항상 성령의 소욕만을 좇아 나가면 믿음의 시험을 수월하게 통과할 수 있습니다.

그런데 문제는 육체의 소욕입니다. 하나님을 믿기 전에 만들어진 '자아'가 내 뜻대로 살고자 하는 것입니다. 머리로는 하나님 말씀대로 살아야 한다고 생각하지만 마음은 그렇지 않습니다. 때로는 하나님 말씀을 알면서도 육체의 소욕을 좇아 행하는 경우가 있습니다. 이때에는 마음이 곤고해지기도 하지요.

하지만 정말 하나님을 사랑하는 사람이라면, 이러한 육체의 소욕을 끊어 나가야 합니다. 모든 상황 속에서 내 원대로 살고자 하는 자기를 죽이는 것입니다. 어떤 순간에도 항상 주님의 뜻대로 사는 사람이 되었다면 그는 정녕 자기 생명을 드린 것과 같습니다. 나를 형성하고 있던 육을 온전히 벗어 버렸기 때문입니다. 이를 '살아서 하는 순교'라고 하며 이것이 곧 죽도록 충성하는 것입니다.

보통 '충성'이라 하면, 사명을 열심히 감당하는 것으로 생각하지만 진정 하나님께서 원하시는 충성은 마음의 악을 버리는 영적 충성입니다. 하나님께서는 무엇보다도 우리가 영의 마음, 곧 진리의 마음을 이루는 참 자녀가 되길 원하십니다.

간혹 사명 감당에만 열심을 내고 영적 충성에는 소홀한 사람이 있습니다. 땀 흘리며 봉사를 하는 열정이 있다면, 죄를 싸워 버리는 데에도 열심을 내야 합니다. 마음에 남은 죄성을 점검하여 온전히 뽑아내기까지 불같이 기도해야 합니다. 늘 마음에 명심하고 있으면서 행함으로 나오지 않도록 해야 합니다. 잠시 스치는 비진리의 생각이라도 다시 떠오르지 않도록 기도해야 하며, 미세하게 요동했던 악의 감정이라도 뽑아버리기 위해 노력해야 하지요.

영이라는 것은 눈에 보이지 않고 손에 만져지지 않기에 때로는 막막하게 느껴질 수 있습니다. 그런데도 주님을 사랑하기 때문에 믿음으로 성실하게 죄를 벗어 버리는 것, 이것을 바로 '충성되다' 하시는 것입니다. 하나님께서는 우리가 영으로, 진리로 조금씩 더 들어올 때마다 더 큰 사랑을 나타내 주십니다. 기도의 응답도 빨라지고 모든 일이 더 형통하게 됩니다. 영으로 들어가는 것이 처음에는 힘들게 느껴진다 할지라도, 죄를 버려 성결되어 갈수록 수월해집니다.

### 철저히 자신을 깨뜨려 3천층에 이른 야곱

야곱은 팥죽 한 그릇으로 형의 장자권을 가로챈 일이 있습니다. 또한 아버지를 속이고 형을 대신해서 축복 기도를 받기도 했습니다. 비록 선한 방법은 아니었지만, 야곱은 나름대로 영적인 사모함에서 그렇게 한 것입니다. 야곱은 자신이 목표한 바는 꼭 이루어내는 곧은 중심을 가졌고, 근면, 성실, 끈기도 있었습니다. 하나님께서는 이러한 야곱의 좋은 점을 아셨습니다.

그러나 아무리 좋은 점이 많다 해도 '자기'를 깨뜨리지 않으면 하나님 편에서는 쓰실 수 없습니다. 하나님의 섭리를 이루기 위해서는 하나님의 뜻에 순종해야 하는데 자기를 주장한다면 아무 소용이 없지요. 하나님께서는 야곱이 철저히 '자기'를 깨뜨릴 수 있도록 연단해 가셨습니다. 형을 피해 외삼촌 집에서 20년을 사는 동안 지극히 낮아지는 시간을 허락하셨습니다. 야곱은 형 에서가 자기를 잡으러 많은 사람을 이끌고 오는 상황에서 그동안 쌓은 모든 것을 무로 돌리고 오직 하나님만을 의지하였습니다. 철저히 자기를 깨뜨려서 '지렁이 같은 야곱'이 된 것입니다. 이러한 연단의 시간을 통해 중심의 간교한 속성도 뽑아낼 수 있었습니다.

하지만 야곱이 온전한 것은 아니었습니다. 아버지 이삭의 편애로 고통을 받았으면서도 자신 역시 아들 요셉을 편애하였습니다. 그것이 결국 다른 형제들이 요셉을 타국에 종으로 팔아버리는 비극을 낳지요.

독자 이삭이라도 주저함 없이 번제로 드린 조부 아브라함과 비교하면 야곱의 신앙이 얼마나 부족했는지를 알 수 있습니다. 이런 부족함이 있기에 야곱은 이스라엘의 조상으로서 하나님의 큰 사명을 감당했음에도 불구하고 새 예루살렘에 들어가지 못하고 3천층에 머물게 되었습니다.

### 의인이며 당세에 완전한 자로서 3천층에 이른 노아

창세기 6장 9절을 보면 "노아의 사적은 이러하니라 노아는 의인이요 당세에 완전한 자라 그가 하나님과 동행하였으며" 말씀합니다. 노아는 의인이며, 당세에 완전한 자로서 하나님의 선택을 받아 홍수의 심판에도 살아남았지요. 그래서 새로운 인간 경작의 출발점이라는 중요한 역할을 감당했습니다.

그런데 이러한 노아가 새 예루살렘에 들어가지 못하고 3천층에 머물게 되었습니다. 그 이유는 무엇일까요? 노아는 홍수 심판 전에는 하나님과 동행할 정도로 하나님 앞에 담대한 삶을 살았습니다. 그런데 홍수 후 350년을 더 사는 동안에는 그렇지 못했습니다.

홍수를 기점으로 이 땅의 사람들은 더욱 악으로 물들어 갔습니다. 또한 마음에 깊이 내재된 육의 속성까지도 드러났지요. 노아도 예외는 아니었습니다. 홍수 이전에는 행위가 완전해 보였던 노아에게서도 악의 모양이 드러났습니다. 노아는 홍수 후 350년을 경작받으면서도 하나님께서 인정하시는 성결의 단계에 이르지 못한 것입니다.

한 예로, 노아는 자신의 허물을 보고 전한 아들 함을 저주했습니다. 물론 함이 아버지의 허물을 전한 일은 큰 잘못입니다.

하지만 노아와 다윗을 비교해 보면 그 마음의 선이 크게 차이가 납니다. 다윗은 연단을 받는 중에 시므이에게 엄청난 저주와 모욕을 받습니다. 이때 다윗은 어떻게 반응합니까? 신하들은 심히 분하여 시므이를 처치하려 하지만 다윗은 오히려 만류합니다. 아무 대응 없이 잠잠하였고, 하나님께서 허락하신 연단을 달게 받으려는 겸비한 마음이었습니다. 이런 다윗의 마음과 견줄 때 곧바로 아들 함에게 저주를 한 노아의 마음은 큰 차이가 나는 것입니다.

홍수 이후 노아는 질서상 가장 머리 된 자로 살았습니다. 이것이 노아가 자신의 부족함을 더 철저히 발견하지 못한 중요한 이유가 됩니다. 노아 시대에 살던 사람들은 모두 그의 후손이기 때문에 혹여 어떤 권면의 말씀을 드리고 싶어도 심히 어려운 입장이었습니다.

당시 노아에게는 그의 영혼에 유익되는 말을 해 줄 사람이 없었던 것입니다. 설령 그런 사람이 있다 해도 노아는 머리로서 마음이 높아졌기 때문에 그 말을 받지 못하는 입장이었습니다.

따라서 노아가 생을 마감하는 순간 마음에 찾아온 감정은 감사보다는 후회가 컸습니다. 스스로 돌아볼 때 성결하지 못했기 때문에 하나님 앞에 떳떳할 수 없었던 것입니다. 그럼에도 노아는 구약 시대의 기준에 비춰 볼 때에는 '당세의 완전한 자'로 인정받았지요. 또한 홍수 심판에서 방주를 예비하는 중요한 역할을 감당했기에 하나님께서는 그에게 3천층의 영광을 허락하신 것입니다.

### 하나님을 지극히 사랑하여 3천층에 들어간 성도

3천층에 들어갈 수 있는 믿음의 4단계에 이르면 하나님을 지극히 사랑합니다. 부모나 자녀보다 하나님을 더 사랑하고, 자기 자신보다도 하나님을 더 사랑하기 때문에 생명도 바칠 수 있습니다. 이런 믿음을 가진 사람은 하나님을 제일로 사랑하는 증거로 계명을 지킵니다. 억지로가 아니라 기쁨과 즐거움으로 지키니 자연히 성결에 이르고, 하나님의 참 자녀가 되는 것입니다.

이처럼 하나님 말씀을 듣는 대로 순종하여 짧은 시간에 성결한 성도 중에서 1987년에 소천한 한 분을 소개하겠습니다.

이분은 약 5년 동안 신앙생활을 하면서 3천층에 들어갈 수 있는 믿음을 소유했습니다. 이분의 신앙이 어떠했기에 짧은 기간에 성결할 수 있었을까요?

해답은 아주 간단합니다. 주님을 만난 이후로 오직 하나님 말씀대로 살았던 것입니다. 이분은 신앙의 연륜이 짧아 하나님의 깊은 마음과 뜻은 잘 모를지라도 '이것이 하나님의 뜻이다'라고 알면 오직 '예'와 '아멘'으로 순종했습니다.

마음에 악이 없고 선해서 누구와 부딪치는 일이 없었습니다. 힘든 일, 궂은일을 도맡아 하면서도 한 마디 불평도 하지 않았고, 기쁨과 감사함으로 일하는 보배와 같은 일꾼이었습니다. 항상 얼굴에 기쁨이 넘쳤기 때문에 그분의 얼굴만 보아도 행복하고 평안했지요. 혹 다른 사람의 잘못으로 자신이 애매히 책망을 받는다 해도 정말 자신이 잘못한 것처럼 죄송한 마음으로 받으며 조금도 서운해하거나 감정을 품지 않았습니다.

그런데 안타깝게도 이분은 새 예루살렘에 들어갈 기회를 놓치고 말았습니다. 이분은 죄를 지은 것이 아니기 때문에 질병으로 소천하지 않았습니다. 하나님께서 곡기를 끊게 하시니, 아무 음식도 먹고 싶어 하지 않았으며 자연히 기가 빠져 숨을 거두었습니다.

어느 날, 이분을 보니 이미 기가 많이 빠져 있었습니다. 그래서 한 주간 제 기도처에 와 있으면서 기도를 받으라고 했습니다. 저는 성령의 주관을 받아 말한 것인데, 이분은 제 기도에 방해가 될까 민망했던지 기도처에 오지 않았고 얼마 지나지 않아 결국 소천했습니다.

이분은 성결했지만 온 집에 충성하는 부분에서는 조금 부족했습니다. '조금만 더 시간이 허락됐다면 능히 새 예루살렘에 들어갈 수 있는 분인데' 하는 아쉬움이 남는 대목입니다. 이분이 순종하여 기도를 받고 생명이 연장되었다면 그만큼 부족한 부분을 채울 수 있었을 것이기 때문입니다.

이분 스스로도 새 예루살렘 성에 들어가지 못한 것에 대한 안타까움과 민망함이 남아 있습니다. 새 예루살렘 성에 들어갈 수 있는 믿음을 지녔다면 주님과 이 땅에서 섬기던 주의 종과 사랑하는 성도들의 얼굴을 늘 보며 영원히 함께할 수 있을 텐데 그리할 수 없기 때문이지요.

그러나 하나님께서는 이분에게 큰 상급으로 위로하십니다. 세상에서는 금반지 하나도 가질 수 없을 만큼 가난하고 비천한 삶을 영위했지만 천국집은 말할 수 없이 크고 아름다우며 특별한 보석들로 장식되어 있지요. 집의 정문이 아치형의 진주로 장식되어 있습니다. 바로 이 땅에 살면서 많은 애통함과 인내 속에 눈물의 간구를 올렸기 때문입니다. 자신의 힘으로는 결코 가질 수도, 누릴 수도 없는 귀한 것들을 상급으로 받았으니 그저 감사만 나오게 되지요.

### 순교할 수 있는 믿음을 소유하면

하나님을 지극히 사랑하여 마음이 성결하면 3천층에 들어갈 수 있는 자격을 얻는 것처럼 하나님을 위해 아낌없이 생명을 드릴 수 있는 순교의 믿음을 소유하면 최소한 3천층, 나아가 새 예루살렘에도 들어갈 수 있습니다.

초대교회 당시 칼로 목을 베이거나 로마 원형 경기장에서 사자의 밥이 되고 화형을 당할지언정 끝까지 믿음을 지킨 사람들은 천국에서 순교자의 상을 받습니다. 온갖 핍박과 위협 속에서 믿음으로 순교한다는 것은 결코 쉬운 일이 아니기 때문입니다.

우리 주변을 보면 물질의 유혹을 이기지 못해 주일을 지키지 못한다거나 돈을 벌기 위해 주 안에서의 모임에 참석하지 못하는 경우가 얼마나 흔합니까? 이처럼 작은 것 하나에도 순종하지 못하는 사람이 죽음의 위협 앞에서 믿음을 지키고 순교할 수는 없지요.

그렇다면 과연 어떤 사람이 순교할 수 있는 믿음을 지닌 것일까요? 바로 구약 시대의 다니엘처럼 변개함 없이 곧고 진실한 마음을 지닌 사람입니다. 그러나 두 마음을 지니고 세상과 타협하며 자기 유익을 구하는 사람은 순교의 자리에 들어가기 어렵습니다.

다니엘은 사자굴에 들어갈 줄 번연히 알면서도 하나님께서 기뻐하시는 믿음의 의를 굳게 지켰습니다. 왕의 총애를 한 몸에 받다가 악한 자들의 궤계에 의해 사자밥이 되는 상황에서도 끝까지 절개를 지킨 것입니다. 그 마음이 깨끗하고 정결했기 때문에 진리에서 결코 벗어나지 않았습니다.

신약 시대의 스데반 집사 역시 마찬가지입니다. 그는 주님을 위해 복된 소식을 전하다가 돌에 맞아 순교했습니다. 자신의 생명을 조금도 아끼지 않고 복음을 전했을 뿐 아니라 아무 죄 없이 돌에 맞아 죽어 가면서도 돌로 치는 자들을 위해 중보 기도를 할 만큼 사랑의 마음을 지니고 성결했습니다. 그러니 주님께서 얼마나 사랑하시겠습니까? 천국에서 영원히 주님과 동행할 것이며 그 아름다움과 영화로움이 참으로 클 것입니다.

chapter 10

# 온 집에 충성한 영혼이 들어가는 새 예루살렘 성

하나님을 직접 뵈올 수 있는 새 예루살렘 성
새 예루살렘 성에는 어떤 영혼이 들어가는가?

·
·
·

또 내가 보매 거룩한 성
새 예루살렘이 하나님께로부터
하늘에서 내려오니
그 예비한 것이
신부가 남편을 위하여
단장한 것 같더라


계21:2

천국에서 가장 영화롭고 아름다운 처소 새 예루살렘 성에는 하나님의 보좌가 있으며 하나님을 기쁘시게 한 영혼들의 집이 지어지고 있습니다.

새 예루살렘 성의 집들은 장차 맞이할 주인의 마음에 맞추어 아름다운 신부처럼 단장하고 있는데 하나님께서 얼마나 아름답게 만들어 놓으셨을까요?

우리가 하나님의 영광이 드리운 새 예루살렘 성에 들어가 영원한 사랑을 나누기 위해서는 거룩하신 하나님의 마음을 닮는 것은 물론, 주님처럼 사명을 온전히 감당해야 합니다.

## 1. 하나님을 직접 뵈올 수 있는 새 예루살렘 성

거룩한 성이라고 불리는 새 예루살렘은 신부가 남편을 위하여 단장한 것처럼 참으로 아름다운 곳입니다. 무엇보다도 하나님의 보좌가 있는 곳으로 새 예루살렘에 들어가는 사람은 하나님을 직접 뵈올 수 있는 특권을 받습니다.

우리가 들어가면 하나님께서 주시는 영광을 세세토록 받으므로 새 예루살렘 성은 '영광의 성'이라고도 불립니다. 성곽은 벽옥으로 쌓였고 성은 맑은 유리 같은 정금으로 만들었습니다.

수정같이 맑고 빛나는 새 예루살렘 성은 동서남북 사면에 각각 세 개씩 열두 진주문이 있으며 문마다 한 천사가 지키고 있고 성곽의 주춧돌(기초석)은 열두 보석으로 되어 있습니다.

**열두 진주문을 통과해야 들어갈 수 있는 새 예루살렘 성**

그러면 새 예루살렘 성의 열두 문을 진주로 만든 이유는 무엇일까요? 조개는 하나의 진주를 만들어 내기 위해 오랜 시간 동안 고통을 참아내며 자신의 진액을 다 쏟아 붓습니다.

이와 마찬가지로 우리가 새 예루살렘 성에 들어가려면 인내와 절제 속에 죄를 피 흘리기까지 싸워 버리며 하나님 앞에 죽도록 충성해야 합니다. 하나님께서 원하는 좁은 길을 가면서도 기쁨으로 승리하며 모든 사명을 잘 감당해야 들어갈 수 있는 곳이므로 열두 문을 진주로 만들어 놓으셨지요.

그래서 새 예루살렘 성에 들어가는 영혼은 진주문을 통과하면서 기쁨과 감격의 눈물을 흘리고, 그곳으로 인도하신 아버지 하나님께 말할 수 없는 감사와 영광을 돌립니다.

또한 새 예루살렘 성곽의 열두 주춧돌(기초석)을 열두 보석으로 만드신 이유는 무엇일까요? 열두 보석에 담긴 영적 의미를 종합한 마음이 바로 주님의 마음이고, 하나님의 마음이기 때문입니다. 각 보석은 믿음, 충성, 희생, 자비 등 특별한 영의 마음을 상징하는데 이것을 종합하면 하나님의 마음인 완전한 사랑이 됩니다. 그러므로 새 예루살렘 성에 들어가기 위해서는 열두 보석에 담긴 영적 의미를 깨달아 우리 마음 안에도 온전히 이루어야 합니다(『천국』 하권 참조).

### 완벽한 통일성과 다양성을 지닌 새 예루살렘 성의 집

새 예루살렘 성 안의 집은 규모나 화려함 면에서 마치 하나의 성과 같습니다. 주인의 취향에 따라 각각 특색이 있으며 경계가 뚜렷한데도 매우 조화롭게 어우러져 완벽한 통일성과 다양성을 동시에 보여 줍니다. 또한 갖가지 보석에서 나오는 빛깔과 다양한 색채가 이루 말할 수 없는 아름다움과 영화로움을 느끼게 합니다.

새 예루살렘 성에 있는 집은 보기만 해도 금방 누구의 집인지 알 수 있습니다. 영광의 빛이 얼마나 둘려 있으며 어떤 보석으로 장식되어 있는지에 따라 주인이 이 땅에서 얼마나 성결했고 하나님을 기쁘게 해 드린 사람인지 알 수 있지요.

가령, 이 땅에서 순교한 사람의 집이라면 순교를 기념하는 장식이나 기록 등이 있어서 누구나 그의 마음과 행적을 알 수 있습니다. "모년, 모월, 모일, 어떠한 연유로 순교하여 아버지의 뜻을 이루었다." 하는 내용이 황금 보석에 새겨 있으며 매우 아름다운 광채가 납니다.

정문 앞에서도 공력이 기록된 황금 보석이 내는 아름답고 찬란한 빛을 볼 수 있는데 그것을 보는 사람은 누구나 경배를 드립니다. 순교란 그만큼 큰 영광이고 상급이며 하나님의 자랑과 기쁨이 되는 것입니다.

또한 이 땅에서 큰 업적을 쌓은 사람에게 감사패나 공로패를 주어 기념하는 것처럼 하나님께서도 우리가 영광을 돌리고 상급 쌓은 것을 친히 기념하는 패를 선사하십니다. 이러한 기념패에 따라 집의 향과 빛깔이 바뀝니다.

그리고 이 땅의 일을 추억할 수 있도록 각자의 집에 추억할 만한 물건을 마련해 주십니다. 물론 그곳에서도 텔레비전과 같은 것을 통해 이 땅에서 있었던 일을 다시 볼 수 있지요.

### 상급으로 주시는 '금면류관'과 '의의 면류관'

새 예루살렘 성에 들어가면 집 외에도 기본적으로 금면류관과 의의 면류관을 받습니다. 이것은 천국에서 가장 영광스럽고 영화로우며 아름다운 면류관입니다.

요한계시록 4장 4절에 "보좌에 둘려 이십사 보좌들이 있고 그 보좌들 위에 이십사 장로들이 흰옷을 입고 머리에 금면류관을 쓰고 앉았더라" 했습니다. 이는 하나님 보좌 주변에 24장로가 금면류관을 쓰고 둘러앉은 장면입니다.

24장로란 새 예루살렘에 들어온 영혼 중에서도 믿음, 소망, 사랑, 충성, 선, 진실, 절개 등 각 분야에서 가장 뛰어난 신앙을 가진 분을 말합니다.

24장로뿐 아니라 새 예루살렘에 들어간 모든 영혼에게 주는 금면류관은 정금으로 된 관 위에 각종 보석으로 장식한 형태입니다. 남성용은 관의 윗부분이 조금 뾰족한 느낌이고, 여성용은 더 부드러운 곡선을 이룹니다. 면류관의 바탕 위에 장식된 보석은 사람에 따라서 크기와 모양이 다릅니다.

금은 불순물이 전혀 없는 정금으로서 영원히 변함없는 참 믿음을 상징합니다. 하나님께서는 새 예루살렘에 들어온 영혼들이 '하나님을 기쁘시게 하는 믿음'의 분량에 이른 상급으로 금면류관을 주십니다.

그러면 의의 면류관을 주시는 데에는 어떤 의미가 있을까요?

디모데후서 4장 7, 8절에 사도 바울은 "내가 선한 싸움을 싸우고 나의 달려갈 길을 마치고 믿음을 지켰으니 이제 후로는 나를 위하여 의의 면류관이 예비되었으므로 주 곧 의로우신 재판장이 그날에 내게 주실 것이니 내게만 아니라 주의 나타나심을 사모하는 모든 자에게니라" 고백합니다. 자신의 순교할 때가 이르자 주관을 받아 그 길을 기쁘게 갔던 것입니다.

주의 나타나심을 진실로 사모하는 사람은 사도 바울처럼 흠과 점이 없는 깨끗한 마음을 이루고 하나님 나라에 충성합니다. 먹으나 입으나 무엇을 하든지 항상 하나님 나라를 위해서 하며, 생명 다해 사명을 감당함으로써 합당한 열매를 맺습니다. 어떤 역경과 어려움에도 굴하지 않고 하나님께 영광 돌리며 살지요.

이처럼 주 안에서 자신이 할 바를 다한 사람만이 주의 나타나심을 진실로 사모할 수 있습니다. 스스로 돌아보아 민망하고 부족할 때에는 아무리 보고 싶어도 담대하게 주님을 맞이할 수 없지요.

주의 나타나심을 사모하는 사람은 또한 주님을 만나게 될 때의 흐름을 영으로 깨닫습니다. 내주하신 성령께서 신부 단장을 온전히 마칠 수 있도록 주관하시는 것입니다. 거룩하고 온전하신 주님의 신부로서 조금도 손색없이 준비한 후에는 주의 나타나심만을 손꼽아 기다립니다. 이처럼 신부 단장을 온전히 마치고 주의 나타나심을 사모하는 모든 자에게 하나님께서는 의의 면류관을 주십니다.

### 마음에 품은 것까지도 허락하신 하나님의 사랑

우리가 이 땅에서 하고 싶고, 갖고 싶지만 주님을 위해 포기한 것을 하나님께서는 일일이 기억하여 새 예루살렘 성에서 위로와 아름다운 상급으로 갚아 주십니다. 그래서 새 예루살렘 성의 집에는 우리가 갖고 싶던 것이 다 있고, 하고 싶던 것을 마음껏 할 수 있는 환경이 조성되어 있습니다.

어떤 집에는 호수가 있어 배를 타고 노닐 수 있는가 하면, 울창한 숲이 조성되어 있어 숲 속을 거닐 수 있습니다. 아늑한 정원 한편에 티 테이블이 있어서 사랑하는 사람과 평안한 한때를 즐길 수도 있지요. 또한 넓은 초원에 아름다운 잔디와 키 낮은 꽃들이 사랑스럽게 깔려 있는 집도 있어 그 위를 거닐며 하나님을 찬양하기도 합니다.

새 예루살렘에서는 동물원이 통째로 주어진 경우도 있고, 특별히 좋아하는 동물이 있다면 애완용으로 키울 수도 있습니다. 이 땅에서 개를 좋아하는 사람은 애완동물 중에 개와 같은 동물이 있을까 궁금할 수도 있습니다. 성경에는 개가 좋지 않은 비유로 쓰였으므로(벧후 2:22) 새 예루살렘에 개는 없습니다.

개는 주인을 알아보고 비교적 잘 순종하며 따릅니다. 그래서 개를 사랑하여 애완용으로 키우는 사람이 많지요. 하나님께서는 이러한 사람의 마음을 잘 아시기 때문에 새 예루살렘에 개와 아주 비슷한 애완동물도 두셨습니다. 물론 새 예루살렘의 애완동물은 이 땅의 애완견과는 비교할 수 없이 예쁘고 사랑스러운 모습이며, 주인의 마음을 헤아려 즐겁게 해 줍니다.

새 예루살렘에서는 같은 식물이라도 다른 처소보다 훨씬 아름다운 향이 나며 그것에 담긴 의미가 특별합니다. 가령, 낙원의 장미는 단지 여러 꽃 중의 하나이지만, 새 예루살렘의 어떤 집에 장미가 있다면 주인의 마음이 그 향에 담깁니다. 만일 손님이 찾아온다면 장미꽃이 향을 발산하여 주인의 마음을 대변할 수도 있지요. 물론 같은 장미라 해도 주인에 따라 향이 다릅니다.

사랑의 하나님께서는 이외에도 우리가 이 땅에서 동경하며 마음에 원하던 많은 것을 천국에 만들어 놓으셨습니다. 우리 마음의 섬세한 부분까지 정확히 알아 이루어 주신 것을 볼 때 얼마나 감격스럽겠습니까!

또한 새 예루살렘 성에 들어왔다는 자체만으로도 모든 것이 감동입니다. 도무지 말로 표현할 길이 없는 감동과 영광과 아름다움 속에서 세세토록 변함없는 행복을 누리며 삽니다. 땅을 보아도 아름답고 하늘을 보아도 황홀하며 어느 곳을 보더라도 충만함과 감동이 밀려오지요.

새 예루살렘 성은 하나님께서 지극히 사랑하시는 자녀들을 위해서 만들어 놓은 곳이기 때문에 모든 것에 아버지 하나님의 사랑이 진하게 배어 있어 단지 그곳에 머무는 것만으로도 아늑하고 평온한 느낌입니다.

길을 걷든 휴식을 취하든 놀이를 하든 대화를 하든, 그 무엇을 하든지 감동과 행복이 차고 넘칩니다. 나무와 꽃, 풀과 동물들을 보아도 사랑스러우며 성벽이나 집 안의 장식과 여러 가지 시설물 등 그 무엇을 보아도 호화롭고 찬란한 영광을 느끼지요. 그러니 새 예루살렘 성에서는 영원토록 하나님을 향한 사랑이 물밀 듯 차오릅니다.

   최고의 영광과 최상의 아름다움, 또한 최대의 행복이 있는 새 예루살렘 성에서는 하나님을 직접 뵐 수 있고 주님과 동행하며 영원히 살아갑니다. 천군 천사는 물론 천국의 모든 사람으로부터 부러움과 경배를 받으며 세세토록 왕 노릇 합니다. 더구나 개인에게 딸린 천사들이 있어서 주인이 원하는 것이 무엇인지 척척 알아 섬겨 주니 행복이 더합니다.

   만일 하늘을 날고 싶다는 마음을 품으면 즉시 개인 소유의 구름 자가용이 날아와 발 앞에 섭니다. 구름 자가용을 타고 원하는 대로 마음껏 하늘을 날 수 있고 땅 위를 달릴 수도 있지요. 원하는 것을 무엇이든지 가질 수 있으며 무엇이나 할 수 있는 곳이 바로 새 예루살렘입니다.

   새 예루살렘 하나님 보좌 앞에는 여러 책이 있습니다(계 20:12). 그중의 하나가 구원받은 사람들의 이름이 기록된 생명책입니다. 이 책에는 '누가 몇 년, 몇 월, 며칠, 몇 시에 예수 그리스도를 영접하고 성령으로 거듭나 하나님의 자녀가 되었다'고 기록되어 있습니다.

   또한 영원히 기념될 만한 일들을 기록한 기념책(말 3:16)이 있는데 이 책은 황금빛을 띠며 겉에 고급스러운 문양이 새겨져 있습니다. 표지만 보아도 매우 귀중한 책이라는 것을 알 수 있지요. 이 책에는 누가, 언제, 어떤 환경에서, 어떻게 하나님의 역사를 이뤘는지 자세히 기록되어 있습니다. 사건의 전말이 기록되고 중요한 부분은 동영상을 보듯 자료 화면이 있어 당시 상황을 생동감 있게 뒷받침해 줍니다.

예를 들어, 아브라함이 이삭을 번제로 드린 일, 엘리야가 불의 응답을 끌어내린 일, 다니엘이 사자 굴에서 살아나와 하나님께 영광 돌린 일 등이 그대로 기록되어 있지요. 하나님께서는 귀한 날을 택하여 기념책을 펼쳐 내용을 소개해 주십니다. 하나님의 자녀들은 이를 행복하게 듣고 하나님을 찬양하며 영광 돌립니다.

### 천사의 호위를 받으며 연회에 참여하고

새 예루살렘 성에서는 늘 연회가 열립니다. 특히 아버지 하나님께서 연회를 베푸시면 성도들은 제일 아름답게 단장하고 참석하여 최상의 것을 먹고 마십니다. 또한 황홀하고 아름다운 연주와 찬양과 춤을 즐기는데 천사들의 화려한 춤과 율동을 감상하고, 직접 찬양하며 춤추어 하나님을 기쁘게 해 드리기도 합니다.

천사들이 기술적인 면에서는 더 아름답고 완벽할 수 있지만 하나님께서는 아버지의 마음을 알고 사랑하는 마음으로 드리는 자녀들의 향을 더 기뻐 받으십니다. 이 땅에서 봉사했던 분들은 천국 연회에서도 봉사하며 즐거움을 더하고, 찬양이나 연주, 무용을 했던 사람들은 역시 그러한 역할로 영광 돌립니다.

하늘하늘한 옷감에 갖가지 문양을 새긴 우아한 드레스를 입은 후에 멋진 면류관을 쓰고 찬란한 보석 장식으로 단장한 모습을 그려 보십시오. 그러한 모습으로 천사들의 호위를 받으며 구름 자가용을 타고 연회장으로 들어갑니다.

### 유리 바다 위에 떠 있는 선상에서 축제를 즐기며

아름다운 천국의 바다에는 흠과 티가 전혀 없는 수정과 같이 맑고 깨끗한 물이 흐릅니다. 짙푸른 바다의 물은 미풍을 받아 적당한 높이로 물보라와 파도를 일으키며 찬란한 빛을 냅니다.

훤히 들여다보이는 바다 속에는 각종 물고기가 유유히 노니는데 사람이 가까이 다가서면 지느러미를 움직이며 반겨 맞이할 뿐 아니라 마치 사랑을 고백하는 듯 귀여운 몸짓을 합니다. 또한 형형색색의 산호가 군락을 이루어 이리저리 춤을 춥니다. 그때마다 아름다운 색상이 더욱 빛을 냅니다.

바다에는 수려한 섬들이 점점이 박혀 있고 바다에 유유히 떠다니는 타이타닉 호 같은 크고 멋진 배 위에서 연회가 열리기도 합니다. 거대한 유람선 안에는 안락한 숙박 시설과 함께 볼링장, 수영장, 무도회장 등의 각종 오락 공간이 마련되어 있어 마음껏 즐길 수 있습니다.

## 2. 새 예루살렘 성에는 어떤 영혼이 들어가는가?

새 예루살렘 성에는 믿음의 5단계, 곧 하나님을 기쁘시게 하는 믿음을 소유하여 마음이 성결할 뿐 아니라 온 집에 충성한 사람이 들어갑니다. '하나님을 기쁘시게 하는 믿음'이란 늘 하나님의 마음을 감동케 할 만한, 또는 하나님의 마음이 흡족하여 '내가 네게 무엇을 하여 줄꼬' 하시며 먼저 응답해 주고 싶어 할 만한 믿음을 말합니다.

하나님을 기쁘시게 하는 믿음을 소유하고 온 집에 충성한 경우
하나님을 기쁘게 한다는 것은 구체적으로 어떤 것일까요?
3천층에 들어가는 사람과 새 예루살렘 성에 들어가는 사람의 차이는 얼마나 더 아버지 하나님의 마음을 기쁘게 했느냐, 얼마나 하나님의 마음에 맞추어 충성했느냐에 달려 있습니다.

잠언 8장 17절에 "나를 사랑하는 자들이 나의 사랑을 입으며 나를 간절히 찾는 자가 나를 만날 것이니라" 말씀한 대로 우리가 하나님을 지극히 사랑하면 하나님께서도 지극히 사랑하여 항상 함께하시는 증거를 보여 주십니다.

그런데 믿음의 5단계에 이르면 사랑의 차원이 또 한 단계 달라집니다. 단순히 사랑하여 계명에 순종하는 것이 아니라 하나님의 마음과 뜻을 헤아려서 순종함으로써 하나님을 기쁘시게 하는

것입니다. 예를 들면 이렇습니다.

자녀들을 보면 부모를 사랑하는 정도가 각각 다릅니다. 부모의 말씀에 순종하는 자녀가 있는가 하면 그렇지 못한 자녀도 있고, 아예 반항하거나 빗나가는 자녀도 있지요.

순종하는 자녀 중에도 단지 도리를 좇아 의무감에서 복종하는가 하면, 부모를 사랑하기 때문에 마음을 아프게 하지 않으려고 기꺼이 순종하는 자녀도 있습니다.

이보다 더욱 사랑이 두터운 자녀의 경우, 부모님이 무엇을 시킬 때에 그 마음까지 헤아려 그 이상으로 원하는 것을 이뤄 드립니다. 또한 시키지 않은 것까지 찾아 부모의 마음에 꼭 맞는 방법으로 미리미리 해 놓습니다.

이것은 복종이나 순종을 넘어 바로 순복하는 차원입니다. 믿음의 5단계에 이른 사람의 모습이 이와 같습니다. 하나님의 깊은 마음과 뜻까지 헤아려 범사에 하나님 마음에 맞춰 행한다면 얼마나 기뻐하시겠습니까?

믿음의 5단계에 이른 사람은 하나님 앞에 어느 한 순간만 넘치는 행함을 내보이거나 가끔 가다가 진한 사랑을 드리는 것이 아닙니다. 하루 24시간 매분 매초, 자신을 기쁘게 하려는 마음이 전혀 없이 오직 하나님을 기쁘시게 하고자 하며 또한 영혼들을 섬기기 위해 살지요. 그런 모습이 10년이 가도, 100년이 가도 변함이 없으며 오히려 날로 승화되어 갑니다.

    이러한 사람은 마음을 온전히 진리로만 채우고 하나님 나라를 위해 온 집에 충성합니다. '온 집에 충성'이란 죽기까지 복종하는 그리스도의 믿음을 소유하여 사명을 넘치도록 감당하는 것입니다.

    온 집에 충성하는 사람은 무슨 일을 할 때에 자기의 생각으로 하는 것이 아니라 오직 그리스도의 마음, 영의 마음으로 합니다.

    빌립보서 2장 6절 이하를 보면 예수님께서는 근본 하나님의 본체시나 하나님과 같게 여기지 않으시고 오히려 자기를 비워 종의 형체를 입었으며 하나님 뜻이라면 자기를 낮추고 죽기까지 복종하셨습니다. 그러므로 하나님께서는 예수님을 지극히 높여 하나님 우편에 앉는 영광을 누리게 하며 만왕의 왕, 만주의 주가 되는 권세를 주셨지요.

    우리도 새 예루살렘 성에 들어갈 수 있는 믿음을 지니기 위해서는 예수님처럼 하나님의 뜻이라면 조건에 상관없이 죽기까지 복종할 수 있어야 합니다. 그만큼 온전히 성결하고 하나님의 깊은 마음까지 헤아릴 수 있어야 하는 것입니다.

    하나님께서는 사랑하는 자녀들을 새 예루살렘 성으로 이끌어 들이기 위해 정금 같은 믿음으로 나올 수 있도록 불같이 연단하십니다. 마치 수많은 모래를 물로 씻어 거르면서 사금을 찾아내는 광부처럼 어떤 자녀가 하나님 말씀으로 열심히 죄를 씻고 정금같이 아름다운 영혼으로 변화되어 나오는지 지켜보십니다.

그리고 그런 자녀를 발견할 때마다 인간 경작의 목적을 이루기 위해 받아야 했던 수많은 아픔과 슬픔을 잊고 너무나 기뻐하십니다. 온 영을 이루어 새 예루살렘에 들어오기까지 오래 참으며 친히 연단하여 얻은 참 자녀들이니 참으로 귀히 여기며 사랑스러워하십니다. 그래서 데살로니가전서 5장 23절에 "온 영과 혼과 몸이 우리 주 예수 그리스도 강림하실 때에 흠 없게 보전되기를 원하노라" 말씀하신 것입니다.

### 성결하고 온 집에 충성하여 새 예루살렘에 이른 성도

하나님께서 기뻐하시는 아름다운 영혼이 되어 새 예루살렘에 이른 한 분을 소개하겠습니다. 이분은 세상을 전혀 사랑하지 않았고 세상의 쾌락이나 즐거움을 조금도 누리려 하지 않았습니다. 오직 하나님의 일에 힘쓰며, 새 예루살렘 소망 가운데 변함없는 중심으로 달려왔습니다.

저는 오랫동안 이분을 지켜보았는데 누구를 판단하거나 정죄하는 것을 한 번도 보지 못했습니다. 시기 질투하는 것도, 수군거리는 것도, 남의 흠을 지적하는 모습도 볼 수 없었습니다. 어느 누구와도 부딪치거나 감정을 내는 일이 없었으며 악은 모양도 찾아볼 수 없었지요.

주님을 위해서라면 생명을 조금도 아끼지 않을 마음이었고 각종 예배에 참석하는 것은 물론 기도를 쉬지 않았으며, 본인이 있을 자리에는 반드시 있었습니다. 항상 하나님의 일을 우선으로 해 나가며, 일을 하면서 한 번도 불평하지 않았습니다.

가정에서 남편에게 불만스러운 일이 많이 있었는데도 조금이나마 불만을 토로해본 적이 없고 안 좋은 점을 거론해본 적도 없습니다. 입에서는 항상 선한 말, 고운 말, 사랑의 말, 진리의 말만 나왔습니다. 선과 온유함, 성결의 측면에서는 새 예루살렘에 들어갈 자격이 충분했던 것입니다.

그런데 '온 집의 충성' 부분에서는 조금 부족한 면이 있었습니다. 그것은 가족의 신앙 문제였는데, 특히 남편은 매우 염려되는 수준이었습니다.

그러던 중 이분에게 질병이 왔습니다. 자신의 죄 때문에 병이 온 것이 아니라 늘 마음에서 놓지 못하고 염려한 남편의 죄 때문에 온 것입니다. 이 사실을 남편이 뒤늦게야 깨닫고 회개하니, 그 결과 남편에게는 다시 구원의 기회가 주어졌습니다.

그런데 이렇게 되기까지 너무 많은 시간이 흘렀고, 그동안 이분의 병이 깊어져 하나님께서 치료해 주실 수 있는 공의의 선, 생명선을 넘기고 말았습니다. 하지만 '온 집의 충성' 부분에서 조금 부족한 면이 남편이 회개함으로써 채워졌고, 결국 이분은 새 예루살렘에 들어갈 수 있는 자격을 온전히 갖춘 뒤에 소천하였습니다.

  그러면 이분에게 주어진 상급에는 어떤 것이 있으며, 집은 어떻게 꾸며져 있을까요?

  이분은 이 땅에 있을 때에 늘 하나님 나라를 생각하며 어찌하든 주님의 기쁨이 되고자 했습니다. 그래서 영혼 갈무리에도 소홀하지 않고 늘 마음에 품었지요. 또한 힘들고 어려운 일이 있을 때마다 현실을 보는 것이 아니라 새 예루살렘을 생각함으로써 인내하며 이겨냈습니다.

  이분이 새 예루살렘의 소망으로 모든 연단을 인내한 순간이 아름다운 상급으로 쌓였습니다. 보석으로 아름답게 꾸민 여러 장식품이 그것이지요. 또한 이분이 이 땅에서 하고 싶었지만 하지 못하고 '천국에 가면 꼭 이렇게 해야지.' 하고 마음에 바라던 것들이 있었습니다. 그것은 바로 신랑 맞을 준비를 하는 신부처럼 마음은 물론, 몸도 자세도 항상 곱고 예쁘게 하려는 것이었습니다. 늘 아름다운 것을 생각했고 외모도 아름답게 하고자 노력했지요.

  특별히 새 예루살렘을 생각하며 고운 분홍색과 연두색의 옷을 입고 싶어 했습니다. 이것을 아시는 하나님께서는 이분에게 원하는 빛깔의 고운 옷들과 그것에 어울리는 장식품을 주십니다.

이분의 집에는 그림과 글귀 장식들이 있습니다. 이 땅에서 항상 인내하고 눈물을 흘리며 기도한 내용과, 영으로 인도하는 목자에 대해 마음으로 고백한 내용이 담겨 있습니다. 이러한 고백과 마음으로 그리며 소망한 내용을 그림과 글귀 장식으로 꾸몄는데, 그중에는 하나의 시처럼 새긴 것도 있습니다.

이분은 늘 집 마당에 장미 등 아름다운 꽃으로 꾸미고 싶은 마음이 있었습니다. 꽃이나 아름다운 것을 보면 천국 소망이 더해졌기 때문입니다. 천국의 꽃길을 걸으며 하나님을 찬양할 날을 늘 소망했지요. 이러한 소원대로 하나님께서는 천국 집에 장미와 같은 꽃들로 잘 단장된 정원을 주셨습니다.

이분이 더 충성할 수 있었다면 새 예루살렘 중심부 가까이에 이를 수 있었을 것입니다. 그러나 새 예루살렘에 들어온 것 하나만으로도 많은 위로를 받습니다. 그리고 이 땅에서 하고 싶었지만 하지 않고 스스로 포기한 것들을 상급으로 받은 것을 보면서 말할 수 없는 감동을 받으며 하나님께 감사드립니다.

**하나님과 주님과 생명 다한 사랑으로 하나 된 경우**

하나님, 그리고 주님과 사랑으로 하나 된 어떤 분의 천국집을 소개하겠습니다. 이 집은 거대한 도시와 같이 으리으리한 규모인데 얼마나 크고 아름다우며 황홀한지 참으로 놀라지 않을 수 없습니다.

상상할 수 없이 크고 넓은 이 집에는 동서남북 사면에 세 개씩 모두 열두 개의 문이 있으며, 중앙에는 3층의 웅장하고 거대한 성이 있는데 정금과 갖가지 보석으로 황홀하게 꾸며져 있습니다.

 1층은 끝이 보이지 않는 커다란 홀과 거실들이 있어 각종 연회를 베풀거나 만남의 장소로 사용됩니다. 2층에는 각종 면류관과 수많은 의상 및 장식품이 진열된 방 등 많은 방이 있으며, 선지자를 접견하는 장소도 있지요. 3층은 오직 주님을 만나 특별히 사랑을 주고받는 곳으로 쓰입니다.

 이 성 주변에는 향기로운 꽃으로 어우러진 담이 있고 생명수 강이 성 주위를 두루 돌아 유유히 흐르며 생명수 강에는 아치형의 아름다운 무지갯빛 구름다리들이 놓여 있습니다.

 정원에는 금잔디와 기화요초가 만발하여 아름다움의 극치를 이루며 구름다리를 건너면 상상할 수 없을 만큼 수려하고 광활한 숲이 펼쳐집니다.


 다양한 놀이기구를 갖춘 놀이동산도 있는데 크리스털 열차나 황금 보석으로 만들어진 바이킹, 그 밖의 각종 보석으로 장식된 놀이기구가 있어 그것들이 움직일 때마다 영롱하고 아름다운 빛이 발산됩니다. 놀이동산 옆으로는 드넓은 꽃길이 있으며 꽃길 너머로는 끝없는 평원이 펼쳐져 있는데 이 땅의 열대 초원에서 보는 것처럼 동물이 유유히 거닐거나 평화로이 쉬고 있습니다.

그 밖에도 정금과 온갖 보석으로 단장되어 아름답고 신비한 빛을 발하는 각종 건축물이 곳곳에 자리 잡고 있습니다. 동산에서는 폭포수가 흘러내리며 뒤편으로는 넓은 바다가 있어 타이타닉 호와 같은 큰 배도 다닐 수 있을 정도입니다. 이 집이 얼마나 크고 넓은지 조금이나마 상상할 수 있을 것입니다.

이처럼 거대한 도시와 같은 규모의 이 집은 마치 관광지와 같아서 새 예루살렘 성뿐만 아니라 천국의 수많은 영혼이 방문하여 함께 즐거움을 나눕니다.

헤아릴 수 없이 많은 천사가 있어 주인의 시중을 들고 각종 건축물이나 시설을 관리합니다. 또한 구름 자가용을 호위하고 무용이나 악기로 하나님을 찬양하면서 최고의 행복과 편안함을 누릴 수 있도록 합니다.

이 집의 주인은 생명을 다하기까지 하나님을 사랑했습니다. 어떠한 시험 환난이 닥쳐와도 오직 믿음과 소망, 사랑으로 이기며 생명의 말씀과 하나님의 권능으로 무수한 영혼을 구원의 길로 인도했기 때문에 이처럼 아름다운 집을 예비해 주신 것입니다.

**새 예루살렘에서 주님과 함께 영원한 영광을 누리기를 축원**

하나님을 기쁘게 하는 믿음을 소유한 사람은 주님의 마음이 되어 온 영을 이루는 것은 물론, 생명을 바쳐 순교할 수 있기 때문에 하나님과 주님과 온전히 하나 될 수 있습니다.

이런 사람은 진정 하나님과 주님을 사랑하기 때문에 설령 천국이 없다 해도 하나님 나라를 이루기 위해 이 땅에서 누리지 못하고 취하지 못하는 것에 대한 아쉬움이나 미련이 전혀 없습니다.

히브리서 11장 6절에 "믿음이 없이는 기쁘시게 못하나니 하나님께 나아가는 자는 반드시 그가 계신 것과 또한 그가 자기를 찾는 자들에게 상 주시는 이심을 믿어야 할지니라" 말씀한 대로 상 주심을 바라봄으로써 열심히 이 땅에서 신앙생활해 나가는 것이 바로 믿음입니다.

행여 천국이 없고 하나님에게서 받을 상이 없다 해도 상관없는 까닭은 믿음이 없어서가 아니라 이보다 더욱 소중한 것이 있기 때문입니다. 바로 아버지 하나님과 주님을 만난다는 자체만으로 행복한 것이지요. 만일 하나님과 주님을 만나지 못한다면 이보다 더 슬프고 불행한 일은 없습니다.

하나님을 사랑하고 신랑 되신 주님을 사랑하기 때문에 설령 천국의 행복하고 아름다운 삶이 없다 해도 자신의 생명까지 주를 위해 드릴 수 있는 사람이라면 그는 하나님과 주님과 하나 된 사람이지요. 그러니 하나님께서 이런 사람을 위해 얼마나 큰 영광과 많은 상급을 예비해 놓으셨겠습니까.

주의 나타남을 사모함으로써 오직 주의 일에 힘쓰며 무수한 영혼을 구원한 사도 바울은 다음과 같이 고백하였습니다.

"내가 확신하노니
사망이나 생명이나 천사들이나 권세자들이나
현재 일이나 장래 일이나 능력이나 높음이나 깊음이나
다른 아무 피조물이라도
우리를 우리 주 그리스도 예수 안에 있는
하나님의 사랑에서 끊을 수 없으리라"(롬 8:38, 39)

이러한 사랑으로 아버지 하나님과 하나 된 자녀들이 들어가는 곳이 바로 새 예루살렘 성입니다. 그러니 새 예루살렘 성은 수정같이 맑고 아름다우며, 상상할 수 없을 만큼 행복과 기쁨이 넘치는 곳입니다.

사랑의 하나님께서는 모든 사람이 구원에 이를 뿐 아니라 무수한 사람이 하나님의 거룩함과 온전함을 닮아 새 예루살렘 성에 들어올 수 있기를 고대하십니다.

천국의 처소를 예비하러 간 주님께서 다시 오실 때가 가까움을 깨달아 "주 예수여 어서 오시옵소서." 담대히 고백할 수 있는 아름다운 신부가 되기 위해 신속히 온 영을 이루며, 또한 흠 없게 보전하기를 주님의 이름으로 축원합니다.

# 천국

초판 1쇄 발행 2016년 3월 27일

**지은이** 이재록
**발행인** 빈성남
**편집인** 빈금선

**펴낸곳** 우림북
**등 록** 1989년 4월 11일 164-11-01027
**주 소** 07056 서울시 동작구 여의대방로22길 73, 1층
**전 화** 02-851-3845, 070-8240-5611(편집)
　　　　02-837-7632, 070-8240-2072(영업팀)
**팩 스** 02-830-1844(편집), 02-869-1537(영업팀)

ISBN 979-11-263-0083-9
　　　979-11-263-0082-2(set)

Copyright ⓒ 2019 우림북
판권 본사 소유 | 파본은 교환해 드립니다.

### 우림

우림은 구약 시대에 대제사장이 하나님의 뜻을 묻기 위해 판결 흉패 안에 넣어 사용하던
도구 중의 하나이며, 히브리어로 '빛'이라는 의미가 있습니다(출애굽기 28:30).
빛은 곧 하나님 말씀이며 생명입니다.
우림북은 온 누리에 참 빛을 비추고자 오늘도 기도와 정성으로 문서선교 사역에 앞장서고 있습니다.
www.urimbooks.com

www.ingramcontent.com/pod-product-compliance
Lightning Source LLC
LaVergne TN
LVHW012015060526
838201LV00061B/4319